所有教師都應該知道的事
班級經營與紀律

What Every Teacher Should Know About
Classroom Management and Discipline

Donna Walker Tileston　著

張倉凱　譯

DONNA WALKER TILESTON

What Every Teacher
Should Know About
Classroom Management
and Discipline

目 錄

Contents

作者簡介　Donna Walker Tileston

　　Donna Walker Tileston博士是一位擁有 27 年豐富經驗的教師，也是一家在全美國與加拿大為學校提供服務的策略性教學與學習（Strategic Teaching and Learning）諮詢公司的總裁。她著作等身，主要著作包括：《與眾不同的教學策略——面對障礙》（*Strategies for Teaching Differently: On the Block or Not*）（Corwin Press, 1998）、《突破障礙的革新策略》（*Innovative Strategies of the Block Schedule*）（Bureau of Education and Research [BER], 1999），以及從一出版就名列 Corwin 暢銷排行榜的《十個最佳的教學策略——大腦研究、學習型態與標準如何界定教學能力》（*Ten Best Teaching Practices: How Brain Research, Learning Styles, and Standards Define Teaching Competencies*）（Corwin Press, 2000）。

　　Tileston 博士在北德州大學（University of North Texas）獲得學士學位，在東德州州立大學（East Texas State University）獲得碩士學位，在德州 A & M 商業大學（Texas A & M University-Commerce）獲得教育博士學位。讀者可以在www. strategicteachinglearning.com 網站，或者透過 dwtileston@yahoo.com 信箱以 e-mail 跟她取得聯繫。

譯者簡介 　張倉凱

學歷：臺北市立教育大學教育學系博士候選人

現職：臺北市雙園國小教師

　　　　臺北市立教育大學教育學系兼任講師

　　　　中原大學特殊教育學系兼任講師

　　　　財團法人臺北市來春教育基金會執行長

序言

　　在班級中發生的偏差行為，總是讓教師花費了許多時間在處理這部分的事情上。這不僅僅影響了教師的情緒，同時，也影響了教室裡其他的學生。班級裡大約有 98%的問題行為被認定為較輕的偏差行為，如果總是認為這些問題行為對今日孩子影響較小、沒有關係而忽視的時候，這些問題行為就已經錯過了學習的階段，則這些問題行為就不再只是微小或是容易被輕忽的。因此這些偏差行為，包括敲打鉛筆、睡覺、和鄰座的同學說話聊天、傳紙條、不專心，大部分關於這些的問題行為都是可以經由教師透過一系列適合腦部的工作程序來預防及禁止的。我們根據有關大腦的研究顯示可以得知，為什麼我們的大腦會有注意力，也多少都知道為什麼會讓學生失去注意力的原因。

　　本書的目的便是讓我們了解在教室中不同型態的問題行為，其最有可能引起的根本原因以及如何有效的處理問題行為。本書並不是提供一個快速解決的辦法，而是指導教師在教室中如何幫助學生注意自己的行為並且為自己負責。好的班級經營是很容易去營造的，因為他們有特別的方法帶領學生成為一個為自己負責的人。在以下的章節中，我們將會看到七種不同的方法去預防一些簡單的偏差行為，同時也告訴我們當行為越來越嚴重時，可以採取何種應對措施。

　　在有關大腦的研究中，我們也可以看到相關行為方面的問題，分別有三個大腦系統：第一個是自我系統，這也是影響學生成功最大的關鍵，因為他控制了大腦的專注力、自我學習能力，同時，也激發內在的動機。一個有智慧的教師將會運用大腦系統來改變學生的學習。

　　教師處理問題行為時，必須在偏差行為產生微小變化之前立即提

出。當偏差行為發生時,教師必須以適合妥善的聲音及肢體語言來回應,讓學生盡快改變他的偏差行為。本書後面的章節也有敘述提供了一些較明確的方法可以提供教師參考。

對教師而言,教導都市的學生是一種挑戰,而這種挑戰是教師無法了解:認知結構是在學生特別地了解如何去適應班級的規範及被班級接納後才會建立。所以學生必須要知道班級訂定的規範及條約,也需要了解這和學校外面的工作場合及馬路街上的規則都是不相同的。學生必須要知道如何適應在學校這個環境中。

擁有教學計畫的教師在面對學生偏差行為的處理,將會更有能力去控制自己,避免以衝動的情緒對待學生,更避免將學生學習的時間及學習的品質混為一談。

若干研究顯示都可以證明,一開始教導學生認識字彙有助於學生學習,能夠發揮較大的影響力幫助學生成功,我提供了一個與這本書相關的字彙表,在表1中寫下你已經知道的字彙意思,同時在閱讀完這本書之後,再複習一次這個字彙表,翻回原本的表格看看有沒有需要更改或要加上更簡單的解釋的字彙,同時我也提供了一個小測驗讓你確定你對這份專業進階字彙了解的程度。

表 1　班級經營與紀律字彙表

字彙	你的定義	你修正後的定義
行為評估 （Assessment of behavior）		
高風險群（At-risk）		
肢體語言（Body language）		
班級經營 （Classroom management）		
合作學習 （Cooperative learning）		
體罰（Corporal punishment）		
效能（Efficacy）		
情緒（Emotion）		
情緒智商 （Emotional intelligence）		
隱藏的法則（Hidden rules）		
衝動（Impulsivity）		
形式（Modalities）		
貧乏、缺少（Poverty）		
獎賞及懲罰 （Rewards and punishments）		
自我管理（Self-management）		
研究小組（Study groups）		
臨時的分組 （Temporary groups）		
思考系統（Thinking systems）		
表達的意見（Voices）		

譯者序

　　教室是一個縮小的社會，也是一個複雜的環境，因此，老師時常需要注意和考慮許多需求、工作和事件。在一間教室裡，事件發生的速度可能很迅速，而且發展方向也可能是無法預期的。有效的班級經營一向被視為教學中重要的一環，不論對初任教師或資深教師來說，教學活動成功與否的關鍵，在於班級經營是否流暢順利，特別對初任教師來說，班級經營往往是其最苦手的問題，使得很多初任教師常會因班級控管不良而心生挫折，也降低對教育工作之熱忱。事實上，教育現場工作之繁複，不亞於醫院的急診室，教師如何在最短的時間內掌握班級現況，有效處理每一個突發事件，均有賴充足的訓練與經驗的累積。

　　筆者任職於教育現場達十餘年，在擔任教職期間，亦時常進修以求得實務與理論的契合，讓自己在教學上更精進。近來時常從媒體上可以看到教師情緒不當、行為失控導致對學生造成身心上的傷害，更甚者引起家長的對立，這樣四輸（學校、教師、家長、學生）的結果，實非身為教育人所樂見。

　　有幸隨同臺北市立教育大學但昭偉教授至蘇格蘭進行短期進修，閒暇之餘，到異國書店隨意瀏覽，無意中發現此套書《所有教師都應該知道的事》，如獲至寶，當下念頭就是要將她帶回臺灣，與學生及夥伴分享。在中原大學執教班級經營期間，此書每學期都列入參考書目之一，在教授鼓勵以及林總編輯的支持之下，整套十冊《所有教師都應該知道的事》套書就在這樣的氛圍中進行翻譯。

　　隨著時代思潮的演進，教育的觀念與作法的確真的必須跟著進步

與革新,否則,在無法符合現實環境的要求之下,勢必造成失衡現象,教育為所有之根本,失衡於初,危害至末,這是筆者深以為念的。在本書中可以看到不同角度的班級經營理念切入實際作法,讓教育人員在身陷迷霧中,見到一線曙光,尋得最佳的途徑經營班級。因此,筆者更是戮力為之,再三斟酌其中字句,但是,畢竟精力有限,疏漏舛錯之在所難免,尚祈方家先進多予指教。

　　本書的完成,必須要感謝心理出版社林敬堯總編輯大力支持,容許我們一再的延誤,對此,筆者與譯作團隊銘感腑內,也感謝吳清山教授與林天祐教授,在百忙中仍不辭辛勞為我們進行校正的工作,使得本書可以順利付梓。

張倉凱　謹識

字彙前測

說明：請對以下問題中，選擇一個最適合的答案。

1. 自我管理技巧是受下列何者所控制……

   A. 自我系統

   B. 後認認知的系統

   C. 認知系統

   D. 管理系統

2. 效能是和下列何者有關……

   A. 過去的成功經驗

   B. 管理的系統

   C. 移情作用

   D. 遺傳

3. 多數的學生是屬於何種類型……

   A. 動覺的

   B. 聽覺的

   C. 視覺的

   D. 嗅覺的

4. 班級中最好的結構是……

   A. 獨立學習

   B. 合作學習

   C. 競爭學習

   D. 綜合以上三種結構

5. 下列哪種特徵並非臨時團體所具備的？

A. 每天見面

B. 一段時間見一次面

C. 互相支持

D. 融合的社交技巧

6. 以下哪一個特徵不屬於高風險群的指標？

A. 經濟條件

B. 過去的失敗經驗

C. 閱讀技巧

D. 單親家庭

7. 隱藏的規範和下列何者相關……

A. 未公布的班級常規

B. 學校未使用的規範

C. 社會經濟性的團體

D. 未受教育的父母

8. 對待他人具同理心的特色是……

A. 情緒智商

B. 認知系統

C. 形式上的感覺

D. 衝動

9. 內在動機是……

A. 基於獎勵

B. 自我系統的控制

C. 認知系統的控制

D. 系統控制後設認知

10. 下列哪一個學習狀態是正確的？

　　A. 學生需要低挑戰

　　B. 學生需要低壓力

　　C. 學生需要零壓力

　　D. 學生不需要挑戰

11. 下列對合作學習的敘述何者是正確的？

　　A. 當我們把學生推進團體中時實行合作學習

　　B. 合作學習總是包含社會技巧

　　C. 合作學習通常是四人的團體

　　D. 合作學習應該是每一個課程的一部分

12. 學生放棄一個計畫是由於他們遇到問題而且無法解決，這是被證明於……

　　A. 超越認知的系統

　　B. 衝動

　　C. 孩子的意見

　　D. 認知問題

13. 一個教師在教室裡授課20分鐘後，決定把學生推向團體學習去學習一些額外附加的知識，這位教師最有可能……

　　A. 在課程結束的時間

　　B. 介紹單元時

　　C. 實行目標設定

　　D. 改變學習狀態

14. 當教師要求學生去建立模範來學習時，下列哪一個大腦系統是管理學習最重要的？

　　A. 自我

　　B. 後設認知

C. 認知

D. 經驗上

15. 當我們生氣時我們應該將手放在……

A. 背後

B. 腰上

C. 兩側

D. 張開

16. Walters 老師以巡視教室來幫助學生，當他發現有一個學生轉身離開座位和其他的同儕談話，他的下一步驟該做什麼呢？

A. 凝視那個學生

B. 叫學生到走廊去

C. 和那個學生說話讓全班的人聽

D. 把學生的手放到他的桌上

17. 當 Walters 老師從學生的座位離開後，他注意到那個學生轉身朝向她的座位，這通常是顯示……

A. 當 Walters 老師離開時，她會轉回去和附近的人說話

B. 學生在教室裡不舒服

C. 學生在教室裡感到灰心沮喪

D. 學生在這種狀況下缺乏自信

18. 當學生回到自己該做的事情上，轉回去做事時，Walters 老師感謝他後隨即離開，接著他聽到這位學生說：「你以為我在乎嗎？」Walters 老師應該……

A. 不理會學生繼續走開

B. 把學生帶到辦公室

C. 轉回去並且要求學生回到工作上

D. 給予評論回應

19. 當我們發問口頭問題時，哪一項不是教師最先要做的？

A. 提供較少的等待時間給聰明的學生

B. 當學生不知道答案時重新陳述問題

C. 對於部分答案給予獎勵

D. 少叫高風險群的學生

20. 下列哪一個關於智商的敘述是不正確的？智商是……

A. 在現實生活中遇到問題時解決問題的能力

B. 產生新問題去解決的能力

C. 做一件事或提供一個服務在個人文化中是具有價值的

D. 在出生時即固定

1

傳統的塑造訓練

「在舊式的理論中，我們可以要求學生執行工作；而且我們必
須以強硬的手段，在未盡力的情況下，導引出改變世界歷史的智力」
——Glasser, cited in Gough,
The Key to Improving Schools, 1987

　　基於將獎勵與懲罰轉換成過去的行為模式，是根據有系統的獎勵
和懲罰要改變負向行動轉換成正向的行動。學生會為好的行為而得到
獎勵與為錯誤的行為而被懲罰，至於對於紀律問題的反應，往往是下
意識的未經深思熟慮，也顯少注重計畫的完整性，也未對學生奠定好
的基礎，而過去我們普遍的看法經常是以「自我的方法或捷徑」，由
於屢次被懲罰的學生通常會選擇不需要中學學位文憑的工作，或者他
們已成為了街頭問題的一部分，這類型學生的反應通常選擇了捷徑，
因而趨向提早離開學校。如今，聯邦政府和法律的規定是為了防止學
生提早離開學校而自我放棄，是因為了解過去的「自我的方法或捷
徑」不再適用於現今的學生身上，而且若以舊方式處理，將會使學生

在街頭遊手好閒導致浪費有意義的生命。Glasser（1986）說：在二次世界大戰時期，我們並沒有專業的訓練方式。我們在學校藉由難以管教的中輟學生與成績不及格者來維持非合理動機的秩序。現在，我們發現這樣的方法讓他們可以維護學校的安寧和嘗試保護那些其他的學生。」

　　過去的模範基礎是基於刺激—反應，或者基於為了激發學生學習動機給予獎勵和懲處的技術，但是，需在那些學生不會遇到悽慘的失敗或者將其有區別地學習的情況下。Curwin 和 Mendler（1988）把過去的模式定義為「服從模式」（obedience models），其意涵為當教師透過恫喝和懲處獲得學生強迫服從，以建立老師的權力。Curwin 和 Mendler 說：「短期內，服從經常提供教師緩解對於權力與管理，和固定挑戰轟擊的一塊『綠洲』。然而，權威終究會導致學生有未成熟的狀態，缺乏責任，無法明確的思考與評論，以及無助感，而積極的態度與奮鬥的動力卻可明顯的撤除攻擊行為或權利的鬥爭。」Burke（1992）補述：「教師對於學生的策略中不應該對學生其他的事情有過度的介入。」

　　現今的教師了解到服從模式不但無法對大多學生引起作用，而且不適用於消極行為的改變與情緒智商的建立。Master Teacher（2002）說現今任何教室管理模式應該包括三個教師行動。

　　首先，任何訓練計畫應該包括提供教導學生自律的方法。Master Teacher 解釋，我們無法假設學生透過教學者指出不適當的地方，就會學習到適當的行為，並且因不適當行為而懲罰學生將使他們有所改變。

　　第二，學生必須事先了解我們對於學校和行為兩者之間關係的期待。非常遺憾的是，在一間教室中可以接受的，在另一間教室中卻不

一定可以接受，所以我們必須專門教學生知道這些「期待」的差別。針對適合學生程度，使這些規則保持簡短，確實地寫出和展示在教室中。

第三，這些期望的行為應該適合當下所處的情況。例如，我們不可以期待當學生靜靜地閱讀時與在小組活動時的行為會相同。基於同樣的理由，教室中的行為與餐廳中或者在體育館中的行為也不應該相同。教師和管理人能夠為這個學校在行為期望上達到更多的一致性，將更順利的在未來情境中過渡到另一個情境。在教室中要確信學生理解我們對不同學習情況的期待。例如，在上課時的規則是「禁止談話」，不能在課堂上共同討論時，學生被鼓勵要學習尊重其他同學的觀點。

隨著各章節，我們將看到學生為了對他們的行為，與良好的學習負責，以及學生如何建立情感與自我意識的示範。同時引導管理自己幫助預防渙散行為（off-task behavior）的過程，和將包括解決更困難的訓練問題的方針。在第六章，將提供你們的班級經營計畫中可以運用設置充分的訓練管理標準的步驟指南。

2

渙散行為的處理原則

「外顯智力的情緒學習系統會自動定義個體及建立如何與人們
相互作用、學習、表現情境與考慮他們的環境等階段，都比其他系
統來的多元化。」

——Barbara Given, *Teaching to the Brain's*
Natural Learning Systems, p. 15

Jensen（1997）說教室中的多數所謂的行為問題，並非由於具有
直接學習上的問題，而是渙散行為的問題。有時我們會趨向精神不
濟，尤其碰到令人厭煩的學習方面的關係時，或者是剛好與有高度憂
慮的夥伴共處時，渙散行為會在這些情況之下產生。回想你最近一次
在教室中的會議，是無聊的資訊會報、沒有好的出席率，或者是你沒
有親自提供相關的事情？你做了些什麼？你是否有跟你的鄰座談過
話、好好地睡個覺或者是執行其他的事情？所以，我們應該不用太訝
異我們的學生在相同情境中也會有相同的行為發生。

專注的起點

　　我們在第一次上課的時候就必須提供課程相關的方向或訊息給予學生，使大腦對於是否專注於學習的焦點做出關鍵性的決擇。我們與其他會影響學生的專注力因素競爭，包括即將來臨的活動、其他同樣在教室相處的學生，和讓學生意識到的刺激物。大腦不能立即處理同時存在的這些因素，而又要從中做出決定時，這才是我們第一個要去學習的抉擇。

　　Jensen（1997）說要使學生專注於學習，他們必須(1)具有內在動機；(2)處於心流的狀態；和(3)有較低的壓力。我們來看看這些明確的因素幫助學生如何成功的開始。

 ## 內在動機

　　我們有98%的學習是經由感官而習得的，作為教師的我們想要用多樣性的感官刺激以獲得學生專注在學習上。不論是否我們透過視覺、聽覺、嗅覺、觸覺、味道，或者是多樣感官的結合來獲得專注，在幾秒鐘的瞬間內，學生的大腦將決定他們是否將專注於學習。由大腦的自我系統控制了學習的這個動機。Marzano（1998）對大多數學生學習影響的教學實踐的後設分析方面發表他的研究時，他與他的同事發現大多數學生的成功來自於自我系統。有經驗性的證據要證明在大腦的自我系統中應該是學習的開始，自我系統應該更直接優先以學習為考量：

　　　特別的是，新近的後設分析含有超過 2500 個的影響範圍，關於大腦對於學習有重大影響的系統。舉例來說，如果教學策略

以學生的信念和態度為主要的因素考量，則應使用自我系統進行編碼。如果一個教學的技巧是以目標的建立為主，則應使用後設認知系統進行編碼。最後，如果教學技巧是以資訊的分析為主要考量的因素，應使用認知系統進行編碼。（Marzano, Pickering, & Pollock, 2001）

　　三個系統裡，發現自我系統對學生的成功有最大的影響。事實上，當適當地使用自我系統時，能夠提升學生的學習層次從第 50 個百分等級提升到第 77 個百分等級。後設認知系統是第二（76 個百分等級），而認知系統是最末的影響範圍（71 個百分等級）。

自我系統和行為

　　自我系統是由態度、情緒和信念所組成的內在動機。這個系統決定學生是否擁有專注力，是否他們將從事這些任務，以及他們將把能力帶進任務。自我系統是由四個部分組成，而且對於學習者專注行為的表，現這四個部分都佔有重要性的決定。

　　自我系統的第一個成因是重要的。為了使學習者專注，學習者必須相信知識或者任務與他們有關，並且了解到這是重要的或是可行性的。而任務應該可以適時地進行修正。Tomlinson（1999）說道：「當學習者對於任務產生疑惑時，而學習者卻有足夠能力開始進行學習及擁有其他的支持，可使學習者對一個新階段的了解，此時，這個任務是需要被修正的。」

　　而學生則必須相信他們在努力學習下，加上有足夠的資訊及資源，一定可以成功的。Tomlinson（1999）再說明：「一個學生如果持續的失敗將會失去學習動機，而一個經常成功的學生也會失去學習動

機。」

第二個成因是效能，對學習者而言是能夠達成的任務和學習資訊的一種信念，而這種信念某部分是根據過去的經驗，學生成功的經驗在這個部分佔很重要的因素。因為當學生培養了自我效能，成功就真的會產生更多的成就。自我效能不同於自我評價，自我評價是一個人對自己的信念；而自我效能是因為自己過去成功的一種信念而使自己能達成某件事情。相較之下，自我效能是根據過去成功經驗中的某些特定線索，看來是更有力量的。老師可以藉由給予學生特別的回饋來為學生建立自我效能以達成功。學生必須知道他們所做的對的事情，並且該如何加強。如果想讓學生達到成功的境界，這是非常重要的一個因素。

我們常常可以看見一個自我效能低的學生所表現的無助感，在過去學習過程的主要態度是因為家長對於學生的情況不了解且無法掌握，以至於學生無法增強導致自我效能低。Sprenger（2002）說：「學習上的無助感是一種雜亂、會導致和影響學生無法將學習的東西與大腦連結。」記得這種無助感是一種學習上的情況，它並沒有發展性。我們可以幫助學生從學習上的無助感建立自我效能。Jensen（1997）建議老師一開始可以給予學生一些簡單的任務，再來進一步提升任務的難度，直到任務對學生而言是非常具有挑戰性的，屆時且難度可能要緩和或者是降低。那要如何給予任務呢？可藉由提供鷹架學習理論來處理困難的任務，鷹架理論中，認為我們漸漸地提升任務的困難度勝過一開始即給予高難度的任務。

當學生對學習喪失信心時，這時候可以用一些特別的方法與策略來幫助說服學習者。Jensen（1997）曾說：「當自我說服法開始改變學習者的信念時，它受到特別嚴重的批判。如果某個學生已經相信他

自己可以成功，那麼只需要用到持續增強來支持他這個信念。」他又繼續說：「但對於學習慢的學習者或者總是覺得他們自己會失敗的學生，需另外用三種學習標準來說服他們。」Jensen指出的三種學習標準如下：

- 用學習者喜歡的方式來給予新資訊的輸入。資訊是透過感官進入人的大腦，我們大部分的人都會用我們喜歡的方式來接收資訊，當我們用自己喜歡的方式來學習時，我們會覺得很舒適，且會有一個很好的學習狀態。對於視覺學習者（在教室中的學習者大部分都是此類），能夠了解數學運算，或者在視覺上利用某些方法來看著學習以幫助說服他們知道自己是可以成功的。如果你又教到一開始就覺得他們會失敗的學生，直到你用了他們喜歡的方式教學，你才有可能達成目標。在教室中，很多學生做不好的原因是因為他們一直在同一種方式中學習和一再地被教導。為了教學上有新的題材，提供更多的教學方法，然後再去教所有的學生，組織法是一個增強學生學習的好方法。大部分的組織法不是語言（使用文字傳達資訊）就是非語言（使用非文字且有組織的方法來傳達資訊）。舉個語言性組織法的例子，學生將他們在學習上的想法、解讀、意見及問題記錄在學習日誌中；非語言組織法的例子，像是心智圖或者心智圖表。組織法的效果是很令人印象深刻的。Marzano所做的中區地方教育實驗研究報告中（1998）表示：「一般而言，使用組織法會將某個學生的學習成就從一開始的 50% 提升到 72%，而且再使用非語言組織法在同一個學生身上，他的學習表現可以提升到 77%。」我們可以藉由增加視覺組織法帶領一個學生從無成就（50%）到可以合理的成就水平（77%），自

從我知道Jensen（1997）的研究報告中說在教室中至少有87%的學生為視覺學習者，以上的數據並不令人意外。

- 第二個標準就是說服大腦知道學習是透過適當的練習。一開始的練習，老師可以藉由引導和特別的回饋來指引方向，某些學生可能只需要花一點時間來整理資訊；而其他人在對於他們所學習的感到有意義之前，他們可能要花多點時間。如果學生對於概念或課業感到困難，那麼就試著改變你教學的模式。舉個例子，如果你總是使用文字教學，那麼你可以試著以圖片或模型來教學。但是在教導自我效度低和以英文為語言的學習者時，教師會遇到的一些困難之一就是在視聽教學教室中，那些學生沒有語言獲得的技能可以學習東西。Payne（2001）說：「只知道非正式對話的場合中，學生在他們對談中常常不使用介系詞和副詞。」她又繼續說：「如果學生沒有特別使用的言語，那麼他在追溯和使用資訊上會大大的被限制。學生只應付課業是不夠的，他們必須能夠為程序、課程、方法做上標籤符號以使課業可以重複成功且在後設認知層次中被分析。」對於這些學生，我們必須示範適當符號的使用，且教他們分辨正確的語言作為特定的程序。我們在教學上必須倚賴視覺和動覺直到這些學生能夠抓到學習的技巧。

- 提供大腦足夠的時間來給予學習的意圖與理由。在要將學生轉移到獨立練習之前，要給予他們充足的時間處理新的資訊。

Jensen（1997）說：「一旦我們從我們喜歡的模式學習到的東西被增強——對的增強次數與正確的增強時間長度——我們將會感到所學的東西是確實的。純粹的數據是無法顯示內在意義的。」

我們想要學生離開教室去認識他們知道的事情，Jensen 推斷：

「這些活動應該要結合三種學習方式，然後持續好幾分鐘甚至是更久，且重複好幾次。這些標準通常都會透過一些活動像是同儕教學、角色扮演、學習日誌、自我評估作業及團體活動中可以看到。」

　　第三個自我系統的成因是情緒的回應。很多研究人員相信在大腦中的情緒是一股很強大的力量。當學習者感受到很大的壓力時，情緒將會使大腦中的高功能思考停止。情緒回應可以增強學習以至於能夠記得與理解。Dozier（1998）說：「情緒和有辨識能力兩系統中有一種夥伴關係，它可以對我們所體驗的每一件事物快速地產生情緒上的第一印象，然後看我們是否喜歡才決定是否輸入。當有強烈的不喜歡時，會引發逃避或攻擊的原始恐懼感。」因此，學生對於學習及教室感到舒適是非常重要的。Given（2002）說：「長期的恐懼感不是藉由真實的事件引發的，就是因同理心所產生的，而這些恐懼會大大地影響一個人有效的使用學習系統的能力。」被貼上視為麻煩問題的學生事實上可能就是因為恐懼。Given（2002）說明如下：

　　　　個人恐懼所表現出的外在行為可能會被當作品行不端、不做反應、缺少誘因和其他難以改變的行為問題。這些特性可能看起來是負面的態度，而不是因為失敗、被社會孤立、父母的氣憤或其他無法有效的表達及兒童自己無法了解的恐懼而產生的反抗行為。

　　第四個自我系統的成因是全面性的誘因。當學習者相信學習是很重要的、當學習者相信他們能夠完成任務、當他們有強烈積極的情緒學習時，誘因就開始產生了。

　　切記！當學習者決定專心、決定承擔學習的任務且決定開始任務的第一步，所有的學習就已經在自我系統中開始了。

心流狀態

Jensen（1997）提倡學習第二個規範是適合的心流狀態。心理學家 Mihaly Csikszentmihalyi（1990）說：「最理想的學習是發生在心流狀態中，個人或團體目標因為和環境有快樂的活動與互動而自然地顯露在活動中。」Jensen（1997）描述：「在表現上失去自我的持續情境被稱為是長期快樂製造的經驗。小孩和年輕人還有運動員通常較一般成年人易達到這個心流狀態，因而將創造力與學習發揮至極限。」想想當你在學習新的事物，你對於學習有什麼感受？你是否很喜歡某個課業因此覺得時間過得特別快且你會有不想被打斷的感覺？Jensen說：「當學習者將技能、專注力、環境及意願結合在課業上，這就是處在心流狀態！」

多年前，我從事了那些成績低落、中輟生多、出席人數少的學校重建計畫，我們確實改變了此學校，讓學校改變風貌，並且在改變的時代潮流中擺脫舊思惟，我們評估以及教導學生的種種觀點，藉此改變他們。在接下來的三個月中，成績提升了，出席人數的比例也高達98%。隨著時間過去成績也到達了情境的巔峰，而在學校也一直都有視察者看著我們在進行此計畫。有天早上，教育局局長和州教育委員會的成員來參觀學校，當局長進到某間教室，我和他一起，教室裡的高中生正在以小團體的方式進行英文作業，因為他們正在專心地討論和計畫，所以並沒有注意到局長。後來，局長在某個團體中拉了一張椅子坐了下來，做自我介紹來引起大家的注意，並且了解他們在做什麼。每個人都想要這種情境的教室，事實上是有可能的。

你可能要思考你所期待你學生在教室裡所表現的行為，可是實際上他們可能不會那麼做。讓我們看看一些已經被證明可以成功幫助學

生進入心流狀態的策略與執行的成果。

　　心流狀態在大腦的後設認知中有部分是被規範的，學生會在後設認知的系統中設定自己的學習目標及監控他們的活動。當學習者感到疲倦或有挫敗感，這個系統也會做是否要繼續任務的決定。這個系統也有調整我們控制衝動的能力，一旦我們專心於學習上，後設認知系統就開始接受。讓我們來看看這個系統的內容以及如何將學生帶領到學業上。

　　首先是目標的詳細敘述，當學生接收了一個任務，就開始在為這個任務建構一個目標。舉個例子，如果老師出一個數學問題給學生做，他們將會開始依據曾經學過的算法、規則、模式，或者是從教學中啟發而能處理問題而設定目標。如果他們沒有充分學習到必要的資訊，那麼挫敗感就會開始產生，且非課業的行為也開始浮現。當這項機能不知不覺地在大腦中根深蒂固，而我們為了能夠成功執行這些目標，需明確地教導學生如何設定目標，以及思考學生本身需要知道什麼、做些什麼。目標的設定可以引起完成任務的動機。許多時候，學生剛開始遇到困難時，會雙手一攤，到最後則產生放棄的意念、結束任務的執行。我們認為這就是所謂的「衝動性格」。根據 Payne（2001）的觀點，衝動性格常會在貧窮孩童的身上發現，這些孩童往往會觀察他身邊那些將希望建立在失敗上或有失控感的成人。生存在暴力、受侵略以及失落的環境中會使得壓力增加，我們必須找出一套合適的解決方案來面對這樣的問題。

　　在後設認知系統中的第二個成分是控制過程，這個成分僅論及程序性的知識。運用知識去進行某些事情的過程是所謂的程序性的知識。舉例來說，當我們教導學生事實、資料及字彙等等，我們會教導他們陳述性的知識，也就是教導他們這是「什麼」；當我們要求學生

進行一些實驗、工作上的問題，以及書寫作文等等，我們便會教導他們程序性的知識，也就是教導他們「如何」的方式。控制過程檢查這樣的規則系統、策略，或是過程，以便有效率的完成任務。舉例來說，一個學生運用上課時所習得的規則系統來運算數學作業，當這個學生遇到困難時，這樣的一個過程產生了了一些問題：如果這個學生在過程中意外遇到一個特別的困難，控制過程便會在大腦中升起紅旗表示事情是錯誤的。如果學生尚未學習如何控制衝動性格，他們也許會舉起手，選擇放棄而不願思考該做些什麼來解決問題。Payne（2001）說：「控制衝動與改善行為及成就之間有直接的關聯性。」這表示透過特定的教育目標設定以及在有模範讓學生可以做選擇的情況下，我們可以增進學生的辨識能力以及行為技能。有一個可行的方法便是將無形的目標設定在每一課程裡。舉例來說，在小學階段，如果我要教導有關形狀的課程，我會先向我的學生展示我對於這個課程所設定的目標，這些目標必須建立在地區或國家的標準之上，並且展示在班上（寄到學生家裡或是寄給他們的父母也可以），這些目標可以如下面所列：

　　標準 5.2：學生能辨識圓形、正方形、圓柱體、三角形、長方形及圓錐體。

學習目標

　　學生將會知道（陳述性知識）：
- 圓形、正方形、圓柱體、三角形、長方形及圓錐體的特徵。
- 圓形、正方形、圓柱體、三角形、長方形及圓錐體其相同和相異之處。
- 生活中如何使用圓形、正方形、圓柱體、三角形、長方形及圓

錐體。

學生將能夠（程序性知識）：

- 辨識圓形、正方形、圓柱體、三角形、長方形及圓錐體。

- 正確畫出每一個形狀。

- 辨識每一個形狀所提供的環境（例如：戶外、教室裡等等）。

要求學生設定個人的學習目標，並針對學生如何達到他們的目標做回饋。

直接教導學生操作自己工作的技能，並且視需要改變計畫。表2.1 呈現一個簡單的大綱來幫助學生學習訂定計畫。當學生無法完成作業或是作業越來越困難的時候，計畫可以防止學生產生停下來或放棄的念頭。有人說，判斷一個人聰明與否，在於作業無法繼續進行時，是否具備改變計畫的能力，以及是否擁有高度的活力以完成作業。

後設認知系統中的第三和第四個成分是正確且清楚的操控。這些成分與明智的行為有其關聯性，藉由這兩種成分，學習者視需要調整原始的目標以完成任務。為了能在高度需求下完成任務，學生知道要如何針對需要操控並加以調整。這是一個需要明確教導的技能，無論你的學生是六歲或十六歲。任務是需要具有挑戰性的，但不該令人洩氣。我們可以給予學生完成任務所需要的資源，並隨著步驟增加困難度。Jensen（1997）舉了一個學習使用新樂器的例子：如果學習者在一開始便嘗試演奏音樂，這樣的挑戰性及壓力層級都稍嫌過高，學習者在這樣的情況下很容易放棄。倘若在學習使用樂器之初，搭配學習樂器本身及音階等等，任務有其順序性，挑戰性也就會呈現一個穩定的狀態，壓力也會較適當或低。Csikszentmihalyi（1990）說：「當挑戰性高於本身的技能時，會讓人感到焦慮；然而當技能超越挑戰性

表 2.1　計畫工具

你的姓名：＿＿＿＿＿＿＿＿＿＿＿＿＿＿＿＿＿＿＿＿

你的目標為何？＿＿＿＿＿＿＿＿＿＿＿＿＿＿＿＿＿＿
＿＿＿＿＿＿＿＿＿＿＿＿＿＿＿＿＿＿＿＿＿＿＿＿＿＿

你需要哪些資源來完成你的目標？＿＿＿＿＿＿＿＿＿＿
＿＿＿＿＿＿＿＿＿＿＿＿＿＿＿＿＿＿＿＿＿＿＿＿＿＿
＿＿＿＿＿＿＿＿＿＿＿＿＿＿＿＿＿＿＿＿＿＿＿＿＿＿

步驟：你將要做什麼？

第一：＿＿＿＿＿＿＿＿＿＿＿＿＿＿＿＿＿＿＿＿＿＿＿

第二：＿＿＿＿＿＿＿＿＿＿＿＿＿＿＿＿＿＿＿＿＿＿＿

第三：＿＿＿＿＿＿＿＿＿＿＿＿＿＿＿＿＿＿＿＿＿＿＿

第四：＿＿＿＿＿＿＿＿＿＿＿＿＿＿＿＿＿＿＿＿＿＿＿

第五：＿＿＿＿＿＿＿＿＿＿＿＿＿＿＿＿＿＿＿＿＿＿＿

第六：＿＿＿＿＿＿＿＿＿＿＿＿＿＿＿＿＿＿＿＿＿＿＿

評量：

計畫遵守的程度如何？你完成你的目標了嗎？

沒有遵守的項目為何？

遇到問題時你如何應對？

下一次你會用哪一種不一樣的方式來應對？

時，則會讓人感到無聊。」我們可以給予具體且頻繁的回饋以預防衝動性格的產生。Marzano（1998）發現當回饋是具體且積極的時候，對於學生的學習會有較高的成效。Marzano 的分析呈現出，在適當時機給予學生具體的回饋，能將學生的成就從 50% 提升至 77%。只說一句「做的好啊！」是不夠的。像這樣一般的回饋只能夠給予極少的成效或沒有成效，有時當學生知道自己無法做的那麼好時，也可能會產生負面的效果。

　　圖 2.1 表示出自我及後設認知系統對學生行為的重要性。

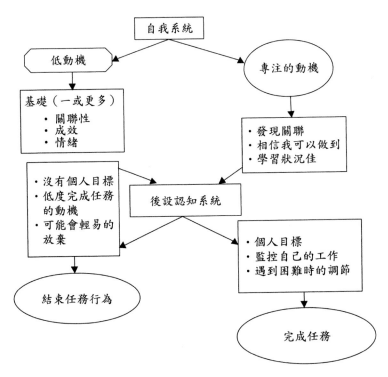

圖 2.1　思考與動機系統

低於適度的壓力

學生成功的第三個準則是提供學生良好的班級風氣,這將有助於低或適度的壓力不會高漲。從我們出生的那個時刻,大腦便視生存為其他事情之上。Jensen(1997)說,腦幹指揮我們在威脅之下的情緒。「當威脅被察覺時,過多的皮質醇將會被釋放到身體各處,導致高層思考技能運用自動化功能加以反應,而這將能幫助你生存下去。」

當有巨大壓力的同時,釋放皮質醇到生理系統中有助於我們個體的調適,學生長時間在巨大壓力的情況下,往往會使個體本身有病態的產生,進而無法控制衝動。電腦斷層掃描所產生的影像顯示,個體在巨大的壓力下,腦幹和小腦這兩大區域中血液的流動及電能的活動趨於頻繁。Jensen(1997)說:「這些生理的變化會產生更多可預知的、下意識的反應,當大腦的感官引起任何存在教室裡的威脅時,有必要看一下這些因素所構成的威脅。」脅迫或威脅可以分為以下幾類:

- 物理威脅可以來自教室的內部或教室的外部。
- 情緒的威脅,如恐懼尷尬。對於青少年,其中最大的恐懼在於他們在朋友的面前看起來很像傻瓜。
- 教育的威脅,例如擔心失敗或不認識的材料不夠好開展工作。
- 資源非常的有限,以至於他們也限制了學生可以成功的能力。資源限制可能是任何東西的缺乏,如語言的缺乏、或者是口頭說話的技巧,以及不切實際的工作期限。

在這段時間裡,提供較低的壓力似乎是不太可能的事情。雖然我們無法控制我們的學生在教室外的生活,但我們每天至少有七小時或更多的時間來對於學生有較多的控制。至於有哪些是你可以在教室內做的,以降低學生壓力的程度呢?

從小地方預防

　　所有紀律情況都有三個變量：教師、問題學生和班級的其他人。這三個變量，教師能百分之百控制的就是自己。Master Teacher（2002）曾說過：「我們的思想太常完全按照學生來調整，我們卻鮮少以教師的適應來做分配。」

　　身為老師，我們一直在調整我們和學生之間的肢體語言，並且在我們感到無聊或是沒有興趣之前，我們知道何時該去改變我們所做的。明智的老師會進行改變致使問題行為不會發生。一開始的時候我說過，大多數關於上課不專心這樣子的問題行為和刻意不遵守規範的因素無關，而是導因於其他的因素。Master Teacher 又說過：「要成為一個有效率的紀律執行者，教師必須成為首要的調整者，一個老師只有在一開始就調整自己，才能夠成功的使學生調整、改變他們自己的行為。」Jensen（1997）提供七個工具以防止上課渙散的行為。我把這些用於我自己的班級，並且與其他教師在專題討論會時一起討論。下次當你的學生對你感到無趣而且開始不專心的時候，試著遵循以下的項目：改變活動時間、改變活動本身、改變活動的環境、加入更多的資源、改變教學者、改變一些聽覺及視覺上的刺激。

審視時間

　　我們的大腦並不適合長時間聚精會神的聽課。Jensen（1997）解釋，我們的大腦優於即刻的變化和延伸，但是在緩慢的辨識上並不是很優勢。這為我們提供了為什麼期望延長上課時間是有疑問和不適當的理由。在文獻上你會看見眾多的例子，就是在進行不同活動之前，花費了很多的時間在下達正確的指令。我發現了一個原則可以適用在

任何年齡的學生身上：依據學生的歲數而定。舉例來說，如果是對八歲的學生，在變更不同活動之前就只講八分鐘。假如學生是 15 歲到成年之間，20 分鐘是在他變得煩躁或是和隔壁同學聊天之前，能夠積極聆聽的時間。這些資訊都是有腦部研究支持的，當你講課試著注意學生，他們是否出現煩躁、是否開始互相聊天，或是在東張西望或甚至做別的事？我所描述的渙散行為是對於這些個別地動覺、視覺及口頭的學習者。

審視活動

假如你一直在思考，改變指示以讓學生們能夠在小組中討論，或是提供一個能分組討論的活動給學生。假使你已經有了大量的資訊，但你又不確定其他的方法，這裡有一些簡單的技巧可以使用。

- 將學生分組，並指定其中一組為 A 組，而另外一組則為 B 組。
- 在課堂的最後 20 分鐘，告訴 A 組學生們請他們告訴 B 組學生這堂課他們所記得的。
- 接下來，要求 B 組學生將剛才 A 組學生可能忽略的事情提出再進行討論。

這樣子變動的技巧我常常用在我的大學班或是成人班裡讓他們能夠成為一個學習小組，或是三人一組，或是四人一組，甚至是五人一組（對於較年輕的學生，每一組的人數最好不要超過三人）。再來指定每一組不同的任務，例如：

- 組別一——當我上課的時候，針對你在課堂上吸收了解的資訊做個總結，並且將它記錄下來。
- 組別二——當我講課的時候，將你們的問題列表記錄下來以利於之後的討論。

- 組別三——當我講課的時候，將你能提出的一些有利於我們更加認識課程的重要字彙記錄下來。

- 組別四——對於這課程問題可能的範圍是什麼？什麼將需要進一步的說明或者討論？

- 組別五——你們將評論其他的小組。他們忽略了什麼？他們的方向對嗎？你覺得他們是積極或是消極的聽眾？

　　當然，類似這樣的技巧還有許多種。而最重要的一點在於你必須要給學生一個目標，你必須幫助他們使用他們自己內在的動機來學習。有時候要求學生站起來伸展一下身體，就會改變學習的節奏和增加注意力。如果學生是有睡意的，允許他們跟隔壁的夥伴聊一下天。這會增加大腦的氧氣數量，並且幫助學生變得更靈敏。有句諺語說：「站著精神比較好」（We think better on our feet）一點都沒有錯。

　　最後再補充一點，要記得動覺學習的學生需要活動。假如他們只是消極的被要求坐在教室裡面，而教師又將上課時間拉長，那他們將會成秩序上的問題。傳統教師（指那些只將課本、抄筆記和回家作業當作教學工具的老師）會對於這類動覺學習的學生感到非常挫敗。還有一個會在教室裡常犯的錯誤，就是誤以為學生沒有看著我們講課就是沒有在專心。視覺學習者通常不會看著講課的人，但那並不表示他們沒有在聽課。

 ## 審視環境

　　站在你教室的門口並且看看這個教室，就好像他們進入你的房間一樣，什麼東西是學生第一眼見到的？燈光如何呢——陰暗、充足、明亮？教室內的味道聞起來如何呢？教室內的聲音如何呢？座位如何安排呢？

教室應該是一個吸引人的地方，有好的光線、乾淨並且整齊。你可以使用空氣清淨機（新鮮、乾淨，聞起來像是剛下完大雨之後的空氣）或是固態的蠟燭（未被點燃的）來改變教室內的味道。

教室內的光線問題一直是多年來討論的東西。而目前似乎公認結合自然光與燈光（非螢光）是最適合學習的。

大腦是喜歡新奇的，所以最好每次都能變化教室內的陳設。我們對環境學習其中之一的一條路徑就是如何融會貫通。在每一個單元或是連續幾個單元後，變更座位的安排，這樣會使這條路徑的活動起來並加強學習效果。這條路徑對行為有另一種影響，下次你有學生在課堂上表現出很多次上課不專心的情形，在你要求他停止敲筆、敲桌或是其他無意義的行為之前，試著改變這位學生在教室內的位置。要求學生更換教室內的座位是給他們一個新的開始，感覺就像是在另外一間教室一樣。不相信？你會在教職員會議、教堂服務、俱樂部會議的時候，坐在同一個位置嗎？下一次有機會的時候，試著坐到對面的位置去看看。如果你像我一樣，那你將經歷到一個完全不同的地方。

審視資源

僅僅改變表達的方式就能夠在專注方面形成很大的差別。可以準備書本、錄音帶、投影機、電腦和音樂。音樂對我們的腦會產生很大的影響，它能幫助我們學習並且提供我們愉悅的情緒。試著在上歷史課的時候或是文學上到某一個時期，加入「聆聽時間」看看。

善用人員

除了自己以外也善用周遭其他不同的資源來教學。邀請一些嘉賓來當講師，或是讓你的學生自己上台講授某一課。你何時最精通你教

的科目？很可能是當你在教它的時候吧！藉由在課堂上提供給學生教學的機會，和夥伴或是一組人員都無妨，我們幫助他們強化學習。

 ## 善用氣氛

藉由不同的主題改變學習的氣氛。今年有一位在市中心的中等學校教授閱讀和書寫的老師，她的教室和主題相互輝映，而整個單元也是依據主題來建立的。今年她的主題是「遊戲」，她以此設計了一些學生活動，例如「塗鴉（畫字彙）」，她在教室中騎著踏板車穿梭在學生中，並且給予表現好的學生回饋。這並沒有違背教學，相反地，她學校裡的學生將她評價為最好的老師。她曾對學生說：總有一天學生們會和她分開，但學生們說他們並不想離開。

另一個改變氣氛的方法就是藉由限時的活動讓學生在規定的時間內完成他們的活動。但並沒有足夠的時間讓他們討論放學以後要做什麼。這所帶來的效果不同於其他的課程。設立目標，並幫你的學生設立學習目標，並常常去檢視是否有達到自己所設定的目標。

 ## 改變焦點

在上課一開始或是一整天之後，運用一些熱身的活動來保持學生的專注力。

想像和心智圖像對學習是重要的。在學生開始上課之前，教導他們如何形成學習的影像或任務。一個籃球選手如果不曾去想像自己投球的樣子，將會比常常想像自己投球影像的選手遭遇更多的困難。

最後，明確的告訴學生關於學習的情況以利於他們監控出自己的學習以及行為。Jensen（1997）建議讓學生「自我察覺經歷每天生活中的期望、好奇、困惑、開心、懷疑、專心、挫折、生氣或是冷漠。

　　然後幫助他們了解控制他們生活情形的是自己而不是教師。」

3

處理問題學生

當先前章節提供的意見在大部分的時間發生作用時，總是有些時候我們必須要提出計畫B。而在教室裡並非所有渙散行為問題都是由年紀較小的學童所造成的。學生的行為表現有許多種的理由，大多數的學者將這些負面的行為表現分成幾種基本的類型來討論。來看看這幾種負面行為的種類及其伴隨的行為特徵。

想得到注意的學生

被忽視而缺乏關心的學生會藉由像低成就這樣的手段及負面的行為來達到他們所想要的目的。而他們所表現的行為包括：

- 上課遲到。
- 沒有經過老師允許在上課時任意說話。
- 製造噪音。
- 隨意與他人交談。
- 離開座位到處走動或是藉故走到有削鉛筆工具的地方、垃圾桶放置的地方超過三、四次。

- 蓄意破壞秩序。

若未達到他所想要的目的，行為可能擴大為：

- 大聲吼叫和口語攻擊。

- 當面違抗。

學者說：「當注意是引起問題行為的原因時，你就會感到困擾。」（Master Teacher, 2002）。你會了解這些行為的產生是教師所造成的影響。

針對有些學生這種想「引起注意」的行為並沒有單一的解決辦法，但仔細檢定這些問題行為的原因或許可以幫忙找出解決辦法。由於這些學生通常是動覺化的學習者或是高視覺化學習者，所以在課堂上即使是有利的聽覺學習教學方式，對他們來說還是有困難的。因此若是藉由視覺帶來的模仿學習和提供動態學習，導師或許就能解決班上的困境。而無聊通常是學習意願低落和「引起注意」行為的導因。問問教師自己，這個學生是否真的是個難題，學生是否真的需要花很長的時間坐下來聽課。從事大腦研究的學者認為我們的腦袋並不像鋼索般能夠運轉很長的一段時間來應對如演講這樣形式化的教學。對於15歲至成人的學生最多也只能花20分鐘的注意力去注意一個部分，而15歲以下的年紀是個很好的測量點。舉個例子來說：一個八歲的孩子在失神之前只有八分鐘的時間可以專心注意聽講。而你曾經有過在會議中有人對你說一小時或更多時間的內容嗎？你是否曾注意過自己在會議中會失神，即使這個會議所提供的資訊是對你有興趣的？

當他們有良好的表現時，可以經由給予回饋及大量的讚美來幫助這些尋求專注的孩子找到他們的需求滿足感。這些學生就像那些沉迷遊戲的人，在遊戲中，他們得到直接的回饋和立即性的獎金（滿足感），便會做得更好。而這些學生也被教導如何適當地使用後設認知

系統，特別是在課業上這方面。

要輔導想要有專注力的學生，下列幾個要點對於行為的轉有很重要的說明：

- 直接了當地切入重點，確實的告訴他們哪裡做錯，會有什麼樣的結果，並解釋為什麼。
- 教師的表現亮眼，易吸引學生目光，當你正與這些學生相處時，多微笑並且多使用你的幽默感。
- 適當地與他們溝通，例如：讓他們明白你不是那種花十分鐘以上講課的老師，而是真正給予他們學習的機會，並且可以在每一堂課的十分鐘裡利用小團體或兩人小組的同儕關係與其他同學交談。
- 課堂上可以提供機會讓學生採取主動的學習，但若是在團體中無法讓學生適當學習，那就給他們時間，讓學生自己能夠參與學習並擴大延伸學習角度。

 ## 追求權力的學生

在班上想擁有權力的學生，行為特徵可能包括以下幾點：

- 表現焦慮、不安。
- 可能常表現厭倦或常有頭痛的症狀。
- 可能試著利用不當的行為來得到他所要的。
- 常常嘮叨地抱怨及責罵。
- 在課堂中，試著支配老師或控制其他同學。
- 會有權力主義者的態度。

當權力是不當行為的原因，教學者將會備受威脅（Master Teacher, 2002）。

通常這種追求權力的態度是來自於他們的害怕——害怕失敗、害怕不被接受、害怕結果或更多……。在學生的眼裡，老師是可以讓學生放學後留下來的人，或通知父母，還有給予多餘的勞動工作。有趣的是，通常這些學生非常有想法，他們認為教室裡無法提供他們想要的東西，或者認為教室裡所制定的規則根本沒有辦法真正的維持。如果不早點介入這樣的問題學生，那麼這些學生將會完全的取代導師。有些辦法是導師在處理這些問題時可以參考的。第一，要有非常明確的規則體制適合他們的想法，而且在推行時必須要一致。第二，教師要有非常具體明確的架構，能夠讓學生在教室裡有決定及選擇權的老師，很少遇到這樣的問題。與學生一起決定及選擇班上的事務能夠減少這種情況發生。所以，即使你贏了，由你決定一切，那麼你也有可能會被認為是欺負弱小的人。處理這些學生最有力的方法就是傾聽他們的心聲，關心他們，了解他們的感受，並且最好都能夠私下處理所面對的爭議。如果他們不斷地抱怨教師，那請教師就左耳聽右耳出吧！在課堂上千萬不要屈服問題學生們的惡勢力，記得讓學生了解在這種狀況裡是有其他選擇的。Payne（2001）說：「與這種有自我想法的學生相處，必須讓他們知道有其他更好的方法可以選擇，並且能夠在下一次的機會選擇其他的方法」。Glasser（1986）說：「通常學生在教室希望能有權力，是因為他們覺得沒有人能夠聽他們說話，特別是表現不好的學生會認為自己在團隊裡沒有地位。Burke（1992）利用圖表來幫助分析追求權力學生之間的爭執。對於年紀較大的學生而言，老師可以把這個工具當作是一個討論的基點，幫助學生了解他們行為及分析造成此行為的要素，這都將有助於局勢的緩和（見圖3-1）。

輔導追求權力的學生，以下有幾點指南，或許能緩和他們的行

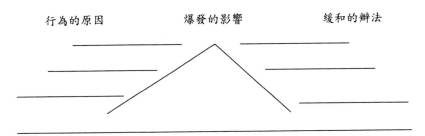

行為的原因　　　　爆發的影響　　　　緩和的辦法

圖 3-1　權力競爭的表象

為：

- 直接了當、公平。直接正確地告訴他們，他們的行為舉止看起來像什麼，聽起來像什麼。若是你拐彎抹角地說，他們也是會知道的，反而不易達到教導的目的。
- 實際說明。說明你正在做什麼並且給予指示。這些學生就不會說：「我想……，或我覺得……。」他們會根據事實去做。
- 重複提到這些規則。這些學生通常喜歡規則及其氛圍，而且因為喜愛這些規則而去執行。比起其他任何的群體，這個群體更需要了解這些規則及有紀律的訓練行動來遵守這些規則。
- 陳述問題的所在、規則，以及後果，並記錄下來。

想報仇的學生

尋求報仇的學生其行為特徵包括：

- 批評教室的一切、其他的同學或老師。
- 喜歡吵架。
- 常問為什麼。
- 疏離人群或孤僻，或者愛作白日夢。
- 不遵守規則，老是依照自己的意思去做。

- 批評規則，特別是他們並不極力贊同的規則。
- 自視甚高。

當他們的行為失去控制時，便有可能表現出自卑的行為或懷有恨意的行為，例如：打其他的同學、破壞班上的東西。當行為是藉由這樣的方式發洩時，你心中就會有種感覺。有些老師覺得害怕，而有些是覺得生氣。

> 有時，當這些追求權力的學生無法得到他們所想要的權力時，就會變成想報仇的學生，報復那些反對他們去追求權力的人。他們通常會對那些說話傷害他的人採取報復的行動，如：老師、家長、同學或他們認為不公平的事。（Burke, 1992, p. 194）

不公平的事不一定發生在尋求報復的人身上，它可能會有陷入其他學生或整個班級的一些事。這些學生需要被傾聽以及被重視。懲罰他們可能只會更加速促進他們不良行為的發生。處理這種問題最好私下解決，千萬不要強力制止，也不要有譏諷的話。這些行為有時也有可能是從優秀學生身上表現出來，特別是當他們在班上犯了過失後。一旦這些學生開始破壞班上的良好秩序風氣時，便足以讓教室天下大亂。

要輔導這類的學生，以下的幾點對於幫助他們的行為是很重要的：

- 跟學生講道理。例如：如果我允許大家在教室做自己想做的事，不需依照規則來做，那麼教室必定會很混亂。
- 以客觀與不反對的角度切入。尊重學生，但不讚賞其行為。
- 贊同他們在班上的貢獻。
- 提供自主決定的機會，並幫助他們以自己的方式達到目的。

感覺到不適當的學生

這些學生所表現的一些顯著行為包括：

● 可能不理睬老師。

● 不願意參與。

● 威脅要停止。

● 對於結果會有過度的反應。

● 在上課前可能不會做準備或是作業無法到達應有的水準。

● 喜怒無常、悶悶不樂或是會譴責失敗的人。

當你的學生有這些行為表現時往往會讓你感到挫敗。

這些學生很容易在課堂教室中停止一切事物。他們的情緒往往容易顯露於外在表現。他們有時比一般的學生敏感並且非常在乎其他人，這些學生對於他們做的事情需要經常性的回饋，以及肯定的鼓勵。通常這些無法操控身邊事物的學生常成為成績不理想的一群。他們很努力但卻無法成功。他們的挫折表現在他們的眼淚、心智降低、嘟嘴不高興、突然生氣或者是給老師無聲的回應。當他們覺得不正確、需要提供回饋以及鼓勵時，應與他們談論以降低他們的焦慮，還有要確定他們有充分的技能條件可以被安置在獨立學習的空間。安全的效能是幫助他們的關鍵，提供這些學生達到成功的建議，剛開始要使用較簡單或中等的建議，實做部分則從較難的部分做起，但是要保持緩慢一點進行。

一起與這些當覺得不對時才有動機的學生實做時，一些意見包括：

● 要私下與這些學生說話並且保持冷靜。

● 聆聽學生的故事。

- 保持開放式的溝通。他們喜歡跟你說話，但當他們感受到威脅時，通常會停止與你的溝通。
- 幫助他們看見學習的相關性。特別是幫助他們獨立以及幫助他人。
- 這些學生需要經常性的回饋，所以最重要的是在一堂課中要充分的提供回饋。

對於生氣、害怕、報復及需要力量的動機，這些問題我們需要支持的計畫。這個計畫需要圍繞著這些行為問題，並且在你處理問題前先知道。當你有一個計畫要實施卻因為一些小問題難以進行時，讓我來告訴你在計畫進行時有哪些不能做的事。

- 即使學生批評你或是批評這堂課，也不可以失去你的耐心。不要私下談論。練習讓這些批評一耳進一耳出。在回答之前可以在心中默數 101、102、103 並且深呼吸放輕鬆。Fred Jones（2002）說過要懂得調適在生氣時將雙手放在腰上或是放輕鬆時將雙手垂放在兩邊。當情況緊張時練習放輕鬆，練習鼓勵學生或是將學生當作自己的家人一般友好，這些都會幫助你的能力以及讓你的思緒冷靜。如果將學生的批評個人化的處理，那會將難以處理的情況更加僵化。
- 不要製造無意義的威脅。決不能實行威脅性的活動。即使一定要執行也不要影響一整個班級，盡可能私下處理。
- 不要將名字寫在黑板上。那只會讓你與學生更疏遠。
- 不要讓學生蒙羞、丟臉。
- 不要不理睬不好的行為。當你如果不理睬這些不好的行為，那課堂中的學生就不認為這是你優先要處理的問題。
- 不要對某特定學生採特殊的處理態度。行為的經營應該要一致

化以及公平。

如果紀律的問題是堅持不變或是無相關性的動機會怎麼樣？我們又該如何去解決這些擾亂性的問題行為？

以下有一些指導守則可以供你參考如何改變一些問題行為的方法（Fred Jones 研究報告，節錄於 www. fredjones.com）。

- 保持冷靜。不要將你的感覺表現在你的肢體語言或是你的臉部表情上。花一點時間冷靜下來（即使看起來需要很多時間，但是還是試試看給自己三秒靜下來默數「101、102、103」）。將你的雙手放鬆至於兩旁，再來放鬆你的下顎。

- 面對該學生或是正要開始有問題行為的學生。如果他們不能收心回到功課上，則可以站到他們的面前。

- 當你的手可以碰到學生的距離時，將你的手掌放在他的桌上並且快速的對他說話。當他的注意力轉回到作業上時，則將你的手輕輕移開並且轉開。你必須要圍繞在所有學生的四周去協助他們，並且觀看他們的作業使他們不會因為其他因素的干擾而分心。假使你做的正確，學生則不會發現你在處罰一個學生。

- 確定這些有問題行為出現的學生注意力已經完全轉移到作業上，並且他們的腳也收在桌下。不完全將注意力轉回來的學生有可能在你一走開的瞬間就轉過去與他的朋友說話。

- 如果當你離開時學生做了一個否定的評論，你可以轉過身來冷靜的對他重複一次你要他做的步驟。千萬不要直接回應他所做的評論，那只會讓這樣的行為一直下去，因為當你生氣時他們就會覺得他們贏了。當學生出現不好的評論時要趕快做一些指令或是其他的動作轉移學生的注意力，因為那些不好的評論不只是你聽見了，就連你周圍的學生也都聽見了。他們會注意你

會對這位學生有什麼樣的舉動。

- 保留一些有趣或是特別的事記在你的指導手冊或是電腦裡，以方便之後給家長或是執法人員查看。

- 如果學生需要更深的探討，可以請學生在課堂結束後再跟他做討論。

- 將學生的姓名、住址、電話以及如何聯絡家人的方法記在檔案裡。

- 精熟學校的規定。這樣下次如果有問題行為要處理時才知道怎樣做才合理。

- 要做好萬全的準備。以便應付突發狀況以及如何應變。

- 如果學校對於學生出現的怪異或超出教師可控制的行為時（這包含在教室內第一次打架），卻沒有緊急的應變計畫，教師可以和較近距離的同事共同訂定「密碼協助」的應對計畫。例如：你可以將蘋果切好之後分塊包裝，當狀況發生且變得緊張時，你可以讓學生拿一塊包好的蘋果到隔壁班的老師。這就可使隔壁班的老師知道這個尋求協助的密碼，再共同處理突發狀況，如果使用電話打至教師辦公室，我們也可以使用密碼名詞，如華盛頓的生日等，這樣就可以讓辦公室的老師們知道這裡有問題行為的發生。

幾個有關生氣的字彙

Panksepp（1998）提到生氣就如同是：「充滿力量迫使我們本身內在的壓力伸展出去以及打擊他人。」在強大的不安及壓力下，我們看見缺乏衝動的控制很多來自於憤怒而打架。教室中也沒有例外。不只是我們平常上課時看見生氣的行徑，在當他們需要卻沒有得到支援

或是當他們感覺陷入困境時更是會出現生氣的行為。Given（2002）
提到：「當一開始陷入害怕，想從害怕的情境中逃離而受阻時，會出
現憤怒。」科學家發現當人有嚴重攻擊行為時通常有著低血清素及高
腎上腺素。這些化學物質似乎增加生氣以及攻擊的舉動（Linnoila et
al., 1994）。清楚明確的幫助學生仔細檢查他們自己的觀念可以減低
自己負面的行為。Given（2002）提到：「假如教育者預測學生在學
習上的堅持，那麼他們就可以處理學生在課堂情境中如何看待自己。」
實施這個任務時需要耐心且一貫。這是一個給學生的實踐以及如何過
團體生活。在每一個有關教育議題與暴力議題的國際會議中指出，老
師要有機會去協助解決這些問題而且是其他人所無法實施的。善用我
們所知道的大腦安全系統，我們可以在溝通時轉換情境並有持續性的
效果。在教導學生仔細檢驗他們自己本身時，他們的動機、他們的自
我意象是我們要朝向改變的第一步。Given 說：

> 假如學生常付諸行動或是彼此有磨擦、爭鬥，他們擁有的行
> 為就難以定義成自我的獨特性。相較之下，假使學生看見自己本
> 身都是友善、助人及仁慈的，這些特質變成自我內在發出的潛意
> 識就會像他們定義自我的獨特性一樣都是友愛和善解人意的。學
> 生仍會持續表現出他們自我特質的行為。

與貧困的孩子一起做事

　　絕大多數來我們身邊的貧困孩子並沒有什麼教養問題。無論如何
這裡有一些關於這些孩子的特徵提供給學生及老師做參考。例如，
Payne（2001）所提到的：「學生如果來自貧窮的家庭（可能是上一
輩或是更早之前就是貧窮的家庭），那他們會覺得教養是可笑的，因

為在他們的世界裡這種事只是一種表面功夫。」其他一些可能會表現的行為包括：

- **與老師爭論**——這些孩子往往不信任權威的人。
- **不恰當或粗俗的評論**——都市裡的孩子與貧困的孩子會使用平常常出現的語言。
- **無法遵從指導**——程序性的東西往往無法使用在貧困的孩子身上。在貧困生活中成長的學生習慣於現在的生活，他們不會計畫每一天的行程。
- **爭吵**——爭吵、打鬥是生活在貧困中存活的方法。他們不知道談判的技巧，因為沒有人教他們。
- **對他人動手**——不善用言詞表達也是貧困的一部分。身體是一個重要的東西，因為那是他們僅存少數東西的一樣。

 ## 老師要做什麼？

　　大部分的學校延續著道德、演說及班級中的價值。除此之外，我們要了解他們可能不知道班級中的規定，以及為何遵守規定對他們而言是重要的。我們第一個必須知道他們可能不知道這班級中的規則，或者是知道對他們而言，為什麼遵守這些規則是重要的。學生們必須知道有一個方法能使他們在人生路途中得到成功，以及有另一個方法可以使他們在學校及工作方面得到成功。告訴學生，在面對害怕時千萬不可一笑置之，那樣會使他們在人生路途中被扼殺。幫助他們去了解那些事情的不同以及為何他們必須了解，這裡有一些其他的想法也許可以在你與這些學生相處時提供幫助：

　　1. 了解行為的前因後果。

　　2. 幫助學生了解在學校中的行為可以有哪些其他的選擇。

3. 提供大量的動態活動。這些學生並沒有辦法在一個他們必須聽一個很冗長的演講環境之下,依然表現很好(事實上,我們自己也只有少數的人能在那樣的情境下表現得很好)。

4. 教導他正向的自我對話。這些學生經常會向我們說他們是沒有辦法成功的。教師應向他們示範,當你遇到問題時是如何的自我對話,因為他們沒有處理問題的程序經驗,所以當他們遇到問題時,他們需要有人一步一步的指導,幫助他們使用自我對話去了解問題解決的過程。

5. 不要與學生爭辯。取而代之的是要他們告訴你他們做了什麼,為何這麼做,以及他們下次還可以用哪些其他的方法來解決,你可能必須選擇性的幫助他們。

6. 用成人的方式與他們說話。Payne(2001)對此曾下定義:「這就像是一個無偏見的、非言語性的反面自由、事實的、及雙贏的態度。這些聲音可能包含在下列情況中:

- 在什麼方面是可以下定決心的?
- 在這情況下有什麼選擇?
- 在這選擇下的後果。
- 我們同意有分歧產生(Payne, 2001, p. 110)。

 結論

在教室中,行為不端有四個主要的原因,包含:需要被注意、追求權力、報復及自尊。有一些特定的活動可以被驗證是與各自需求有關,當需求無法被迎合時,這些行為可能會增強,並且變得難以控制。在任何的紀律問題下有三個複雜的要素——老師、行為不端的學生、班上其餘的學生,全班可以掌控的人只有我們自己。重要的是,

我們並不要去移除那些個人的行為，我們要保持鎮定，去關注那些最直接並且一致的行為，並且必須做適當的妥協。有學者列出七個對行為發生作用的首要自然條件，以及八個次要的生理需求條件，那些首要條件包含的事情有：

1. **飢餓**——不只是直接的飢餓，還有營養不良、太多的碳水化合物以及不當的卡路里，使身體無法在一個良好的層次中運作。

2. **口渴**——我們的腦袋需要水合作用，不只是在休息時，而是一整天。不適當的流質吸收，在大腦及學習上會造成一個立即的反應。

3. **關聯**——老師、其他學生，或是任何一個班級以外的人都有可能造成行為不良的基礎。

4. **空間及其他自然要件**——教室本身可能是個問題，不當的照明、刺激、空氣或是資源，都可能影響行為。

5. **休息及在例行程序中中斷**——在學習中，假如身體沒有足夠的休息，即使是最有興趣的科目也有可能成為最無聊的。給學生和他人說話、休息及思考的機會。

6. **害怕痛苦**——痛苦可以是自然的或是情感的，但這兩者都可能會抑制學習，老師必須能熟知對於在教室中可能導致加深痛苦情緒的因素，並且去移除它。

7. **上洗手間的需求**——有些學生對於提出要上洗手間的需求會感到害羞，確定你有一個適當的時機讓學生去廁所，而且會顧及到離開教室的學生，並提供機會讓他們有利於學習。

當問題不在上述的七個主要原因之中時，朝著以下四個動機探究：權力、注意、報復、對於潛在的動機缺乏對自我的尊重。在與行

為妥協之前，試著去驗證那是什麼，以及可以在一個恆久的原則上更有效率妥協的可能原因。改變行為並不只是一個應急之道，那可以是一個幫助學生去經歷他們的行為，並且去找出有建設性的方法來滿足他們需求的機會。

表 3.1 可以作為你在教室裡驗證行為的指南。

表 3.1 驗證問題行為

報復	權力	自尊	注意
毀壞所有物	拒絕遵守規則	多愁善感	未經許可發言
打架或欺負弱小	批評	不參與	未經許可起立
爭吵	指揮其他同學	責備他人的失敗	在教室吵鬧
我行我素	想接管整個班級	以退學作為威脅	破壞歡樂

4

增強正向行為的計畫

　　通常老師在班級中大發脾氣是因為缺乏訓練，這是一個常被拿來引用的例子。許多時候我曾聽到老師們對於學生的專注情形感到嘆息，這一章可以教導老師如何在教室中能有效利用上課時間的重要策略。

　　對於創造出一個能幫助學習行為的教室環境是需要一個良好的規劃。即使是最有創造力的學生也必須有所規劃，學生必須明白老師的相關資訊及期望為何。在本書的規劃中，我們討論到這個職責的細節，在這本書的目的中，希望老師去思考這些計畫的步驟，並且能幫助學生防止工作偏離或破壞性的行為。Burke（1992）曾說：「掌握紀律問題最有效的方法就是去防止它們。」當學生明白所求為何時，他們自然會相當有把握。老師的一個關鍵原則是作為班級的經營者；成為一個經營者與成為一個崇高的管理者是不同的，好的經營者接受意見的提供，同時也是一個細心的聆聽者。

良好經營者的特徵

McCune、Stephens 和 Lowe（1999）曾表示，有效率的經營者每日都會預先計畫並且實行。

　　計畫的方法就是每天都必須對於相關事物做好準備，並且去實行，預先計畫的方法就是針對每一個課程用學生的觀點去探討，並且預先設想說明與相關資料，以及提供學生達到成功學習的指示。

　　從規劃學生的正向行為及學習的觀點來看，讓我們來探究這樣的經營者有什麼特徵。

1. 有效率的經營者是一個好的領導者，他們對於學生提供示範，以及他們需帶領學生了解什麼是正向的行為。他們不去假設學生會帶著成功的交際手腕以及情感方面的技巧來到班級中，他們將這些技能編排成班級中共同認知的技巧。他們特別教導學生如何去控制衝動，以至於當學生遇到困難時依然能完成任務。他們也教導學生如何根據行為去控制衝動，特別是學生來自於城市中的貧民區。有效率的經營者教導學生如何用正向的自我對話，以期在工作上遇到困難時能得到幫助，他們自己為學生示範如何使用自我對話。

2. 有效率的班級經營者使用彈性的方式來經營班級，其方法如下：

   • 他們蒐集、組織和理解學生的考試成績、家庭社經地位和興趣的層級（interest levels）。在分配班級的工作或課題時，他們使用學生有興趣的目錄（老師自製的）和來自多

元智能的資訊來指導學生。

- 他們要和每一位學生建立正向的關係。班級並不是一個充斥所有學生面孔的組織，而是由獨一無二的個體及需要被接納的個體所組成的。有效率的班級經營者會灌輸學生一種觀念，使學生了解無論過去的表現如何都不重要，因為教室是一個新的開始。經營者對擁有不同社經地位、人種、種族和性別的學生都抱持著很高的期待，並透過自身對學生的期待、對待學生的方式，及教室現有資源，來增強學生這種信念。

- 提供明確和經常性的回饋給每一位學生，使他們可以監督和調適自己工作以及使後設認知系統可以在最佳的標準層次中運作。

- 從學生的內部特徵、弱勢和英語學習來了解學生的差別。有效率的班級經營者不會假定所有學生都有說話能力、規範及遵守班級指導方針的能力。

- 使用「情境教學」（contextualization）。了解學生內部特徵和弱勢學習的背景資料。他們無法記憶好日期、時間和定義上前後關係的涵義，以至於他們沒辦法在當下情境學習事物。因為這些學生經常缺少言詞技巧的深義。

- 使用「多元化」（pluralization）的教學。老師使用單一方法教學將會忽略班上許多學生。老師了解多元化的教學涵義將會更易於使用多變化形式的教材和教學策略。例如：有效率的班級經營者將會使用各種視覺模式的形式來幫助學生學習，而這些形式包括語言組織者（linguistic organizers）、非語言組織者（nonlinguistic organizers）和模式

（models）。

3. 有效率的經營者可以很快而平穩的處理大量的工作和控制行為問題。「有效率的班級經營者可以快而平穩的確定學生的合作，並維持自己在教育上的工作和專注於教室的班級經營責任」（McCune et al., 1999）。例如：在我的班級，當學期初時我會將班上的學生分成幾個學習小組，並給他們整整五分鐘的時間去解決一些問題、任務或難題，透過這五分鐘的時間我可以了解全班的出席狀況、順便詢問學生誰今天缺席了，並維持整個班級教室的秩序……等等。McCune 等人（1999）說：「好的經營者在管教學生上，要使用最少的干涉去介入學生的不適當行為，並隨時注意到保留學生的自尊，即使面對有嚴重行為問題的學生也是一樣。」

4. 有效率的經營者知道處理「渙散行為」時的先後順序。他們將會透過第二章所討論的七種步驟來防止「渙散行為」的。對於簡單的「渙散行為」他們使用眼神接觸、靠近學生或使用臉部表情來拉回學生的注意力。透過不斷的「渙散行為」，有效的經營者可以叫學生的名字、詢問學生關於學習的問題、靠近學生的位置及輕聲細語的和學生交談。只有當必要時老師才使用更進一步的方法，但這些方法都僅限於私人範圍內並保留隱私。老師透過公開而和緩的語氣來親近學生。

5. 有效率的經營者知道情緒和氣候是影響人類行為的重要因素。我們都需要去接受我們所居住的環境。如果你曾經有老師和同事無法接納你的經驗，那麼你一定知道那種感覺是痛苦且很有壓力的。Marzano（1992）提出下列的想法來幫助學生感覺自己被接受：

- 對所有學生都使用眼神的接觸。未成年的學生經常會抱怨學校的老師除了在談論議題之外，其他時候並不會與他們在眼神上有所接觸。

- 確定自己注意到班級內的所有學生，並隨時移動所處的位置以確定沒有一個學生被忽視。

- 稱呼學生所喜歡或有親切感的名字。在我的班級，每一學期初或學年初時，我會引導學生進行一些活動使每一位學生都能認識彼此。我花了一個早上去和我居住地區的一個幫派份子，和他談論為何他年紀輕輕就加入幫派，他說了一句話，使我的內心產生了很大的衝擊，而他說的這個情況也曾經在我的班上發生過。

- 親近和靠近學習者，和他們個別談話以及了解他們。

- 以適當的方式與他們接觸，類似慶祝會時常使用到的「擊掌」（high-fives）方式。

- 讓學生感受到被老師接受。例如：老師以肢體動作和語調讓學生了解到自己是否被老師接納。下面提供一些老師上課的問答技巧：

- 提供適當的等待時間給學生回答。老師要試著去確定自己是否提供足夠的時間給學生回答問題。有時當一位老師不相信學生能夠回答問題時，通常都沒有提供足夠的時間給學生回答，而老師也許不會察覺這件事，但是學生通常都會發覺。

- 提供暗示來幫助對於回答口頭問題有困難的學生。

- 假如學生對於一個問題有所疑惑，老師可以用另一個方式來陳述此問題。

- 提升回答的正確性。
- 不以輕視的態度來對待答不出問題的學生。
- 創造一個班級的學習氣氛使學生了解犯錯是可以被原諒的,但是千萬不要放棄去嘗試。

　　想像一個你很喜歡的地方,也許那個地方是一個你喜愛的釣魚場所、一間圖書館、一個書店、一個高爾夫球場或一個家中你最喜歡的角落。仔細思考,你喜歡那個地方的原因,他聞起來、聽起來、看起來、感覺起來、聽起來如何……等等?如果你想要讓學生喜歡教室,同樣的你也應該要在教室裡營造剛剛所述你所喜歡的因素。仔細思考你是否會有效地使用視覺及聲音來引起學生的專注力,並讓學生感覺到待在教室裡有一種舒服的感覺。

　　如果你在教學生一個革命戰爭的歷史,你就應該播放一段當時的革命歌曲;如果你要教小學生關於自然的課程,那麼你就應該要帶一片有鳥叫聲及有自然聲音的CD給學生聽;當同學進教室或離開時能夠播放這些有趣的音樂給學生聽,例如下列這一首歌曲名稱「I've Had the Time of My Life」,這首歌描述了很多有關於教室的氣味;試著使教室處處充滿驚奇;老師在數學課時使用巧克力來獎勵學生,使學生的成績能夠突飛猛進。我們的頭腦會隨著情境來記憶,因此巧克力的味道幫助他的學生記住數學。同樣的除了氣味之外,教室的光線也是很重要的,而教室內最好的光度是結合自然光及高光度的光線。

6. 有效率的班級經營者應該提供一個教室內的感覺秩序。因為在一個混亂的系統中沒有人可以把事情做得很好,同樣地,

我們的學生也是如此，大多數的學生在學習過程中喜歡驚奇以及獨一無二的感覺，但他們會在有感覺秩序的教室當中做得更好，在那裡他們會知道今天所用的規則，在明天也適用，以及規則是一致且公平的，秩序是指在教室中所使用的例行公事，能夠確保學生達到學習的最大成效。當你要經營班級時，要思考以下的幾個方法（改編自 Marzano, 1992）：

- **課堂開始時**——你如何吸引學生的注意？你用什麼方式讓學生能夠準時上課？

- **課堂結束時**——如何讓學生知道要下課了？你會在下課之前提供一些活動來預告同學將要下課嗎？

- **中斷事物時**——如果同學上課遲到進教室，你會使用何種方式來緩和氣氛？當你在教學的過程之中，同學忽然問問題打斷你的教學，你又會採取什麼樣的方法呢？

- **教學的步驟**——要分組時，你有一些程序或方法能夠使同學快速而安靜的分好組別嗎？當你在帶活動時，學生知道他們該做何回應嗎？我有一些好的方法提供給你參考。第一稱做「約會」，這個活動是當我需要同學兩人一組時所採用的策略，進行的方式是在一學期的學期初，我給他們每個人一個時鐘的圖片，我要他們在每一個小時之內去與另外一個朋友約會，並要每一位學生在自己的時鐘上的每一個時刻填上一位與自己約會同學的姓名，當我需要他們變成兩人一組時，我就任意指定一個時刻，請學生去找那時刻與他們約會的夥伴成為一組，另外，我也會組成三人一組的小老師制度，來幫助其他同學了解他們是否懂得我的意思。

- **定訂公平和一致的成績標準程序**——告訴學生你未來的期望，然後堅持你所告訴他們的，我總是相信當學生知道我們所說好的作業是什麼，他們也會如此去做，所以對於成績的標準不應該有意外。

7. 有效能的管理者幫助學生了解任務的價值，任務價值對於大腦的自我系統的重要性在第三章已討論過。我們生為人類是因為我們有能力去決定知道什麼是重要的和什麼是必要拋棄的，任務價值的選擇在個人的目標和學生的需要。Marzano（1992）說：

　　這個有力的研究指出，如果教育者希望學生在班級任務更為積極和成功，他們必須要以某種方式將那些任務和學生的目標做連結，一些有效能的方法包括同意學生根據他們的興趣去創造任務，同意學生去控制任務的特定方向，和引發出學生自然的求知慾。

　　對於引發學生自然的求知慾，可以在學習或找到答案前問「假如」的問題，去幫助學生連接學習。在閱讀課，你或許可以問學生如果在學校的夜裡突然被大雪困住該怎麼辦？這是由 John Bianchi 所寫的一本《暴風雨晚上的玻克威學校》（*Snowed In at Pokeweed Public School*）所引用出來的。

8. 有效的管理者幫助學生訂立個人的學習目標，為了完成學習和避免學生在學習時遇到困難而放棄，你必須直接教導目標的設定。學生需要了解自己學習的方向和發展的任務為何。這在大腦的後設認知系統中所控制。當教學時，告訴學生學習的目標並快速進行目標使學生可以理解他們。對於不會閱

讀的小學生，把這些目標拿回家給父母並使用圖畫去顯示什麼是他們要完成的。

要求學生設定個人目標的學習並提供具體的回饋給學生，使他們關心要達到的目標。

直接教給學生監控自己的工作，並在需要時能夠改變計畫的技術。這樣可以防止學生因為他們沒有辦法執行任務及任務變得困難而放棄所引起的「自暴自棄」。

這一定要直接教導學生並告訴你的學生，因為大部分學生不會表現出監控的能力，這也說明了當一個計畫無法進行且不能變通時，而我們的能力是否足夠聰明到可以為此做改變，其實這也是社會評斷的方法之一。

9. 有效能的教師會藉著安撫而將壓力減到最少，使學生了解學習和程序，並讓他們學習獨立練習。Evertson 和 Harris（1991）提供步驟保證學生了解這結構，以下提出：

- 說明給予一個具體的標準定義。
- 提供這個標準的原因或基本原則。
- 示範這個程序標準。
- 提供作業按步就班（循序漸進）的格式。
- 說明誰將給予暗示。

Burke（1992）確認一個好的班級經營：

學術研究員在這個領域的班級經營提供以下幾個要點給老師：

- 積極的老師幫助預防紀律問題。
- 積極的學生有助於學習並減少行為問題。
- 教師有效率的使用教學時間並減少管理問題。

最後，Burke（1992）補充：

　　有效的程序關鍵就是堅持。如果程序無法執行就討論並改變它，如果這程序是必須且在目錄上就要執行，這分析說明班級管理不能只是開始於一聲巨響，而要細水長流。

　　研究顯示在剛開學的幾個星期內去建立常規是一個決定性的時間，這是班級常規應該建立的時機，也是學生最該被提醒班級常規的第一個星期。這是非常重要的時間，班級導師應該堅持執行那些規則和常規，這些常規能在學生心理產生增強作用也是重要的，剛開學的幾個星期是繁忙的時間，而且很容易因為一次疏忽而使學生的作業表現滑落，這問題是因為只要有一個行為或規則被忽視，學生就開始感覺那規則對老師是不重要的，這關鍵就是要有一個明確和特定的計畫去建立班級常規和每一次的執行。

5

使用合作學習技巧的指南

Marzano（1998）發現使用合作學習可以提高大腦的自我系統，對於學生學習有深遠的影響。根據這理由，我們可以審查合作學習是可以幫助學生自我管理的一項工具。

 ## 什麼是合作學習？

合作學習的定義是一個教學策略，使學生能夠在不等同的組織團體對於一個共同的目標合作工作，並負起個人的責任。在其他解釋，合作學習是：

- 有結構的。
- 是一個教學策略。
- 提供學生團體學習訓練的機會。
- 影響學生負起個人的責任。
- 使用團體組織並反映在班級上。

如果這班級有 50% 少數民族和 50% 英國人，這個團體應該反映相同的百分比。

　　合作學習並非是：它不是新的，不是一個直接教學的替代，也不是只把學生放在團體裡面而已，真正的合作學習是有組織和目的的，不是所有人可自由參加。

　　很多有關合作學習的文章，有一些書籍包括《拼圖式教學法》（*Jigsaw*）（Slavin, 1983）、《合作學習策略》（*Cooperative Learning Resources*）（Kagen, 1989）、《合作組織的閱讀和作文》（*Cooperative Integrated Reading and Composition*）（Madden, Slavin, & Stevens, 1987）、《合作的工作團體》（*Cooperative Work Groups*）（Mandel, 2003）、《團體研究》（*Group Investigation*）（Sharan, 1980）和《團體學習》（*Learning Together*）（Johnson & Johnson, 1975; Johnson, Johnson, Holubec, & Roy, 1984）、《老師對於合作學習的來源書》（*The Teacher's Sourcebook for Cooperative Learning*）（Jacobs, Loh, & Power, 2002）。根據 Whisler 和 Williams（1990）：

　　　所有包括合作學習的要素，但會發展不同的目標，包括學習特定科目的資料、提供架構給有特殊需求的主流學生、記得基本事實、提供一個班級管理計畫、促進少數民族和種族團體的關係、促進較高的規則思想，並且發展社會的、合作的、團體的技能。

為什麼包括合作學習技能？

　　最近的大腦研究指出我們的大腦是社會的有機體，我們出生於溫暖的社會，我們所處的環境可以培養先天的能力，也可以阻礙它的發展，學校鼓勵合作學習的策略是建立在一個團體內部自然需要合作，因為學生可以展現很多不同的能力與其他人互動、溝通，對於合作學

習可以在班級內產生影響。同時也是因為合作學習擁有組織架構來確保成功的執行。

有什麼執行合作學習的建議？

合作學習和傳統團體學習基本的不同在於，合作學習強調互相依存和跟隨在一個有結構的目標去確保它的成功，合作學習有一個潛在的信念「我們共同在這個團體」，這點通常不會呈現在簡單的團體工作，使用有目的合作學習的老師會建立在結構上以確保是真正的合作。

在大部分的班級中有三個學習環境。第一個是競爭的，在一個競爭的環境，這假設是有成功者和失敗者，舉例來說，科學展覽競爭把獎頒給第一名、第二名……，這是一個在班上競爭的例子。

在這個環境，學生互相對立競爭，只有少數人可以達到目標，學生要成功就要有其他人失敗，這稱為負面的互相依存。

第二個環境是個人主義，在一個個人主義環境，潛在的原則就是和自己競爭，學生通常被規定在一個作業的標準例如成績，學生用功在一個題目是做個人主義的作業，那是為了他們自己的成績或滿足。

當個人目標建立在班級裡，無論學生是否有達到他的目標，均和其他同儕的表現沒有關聯，在這個環境沒有互相依存，因為學生感覺他們是獨自學習的狀態，而且他們的成功不是依賴或影響其他人的成功或失敗。

第三種就是協同學習。在協同學習的環境中，基本的理論就是「我們是共同體」，我們互相幫助以達到成功。在課程中學生們一起學習、互相幫助以達到共同的目標，學生之間以積極確實的互賴關係存在著。他們意識到若在團隊中的每一個人都能夠朝向同一個目標努力，那麼就可以更有效率的達成目標！

教室中應該包括這三種形式的學習方式。過去的班級都採用個人化和競爭性的學習策略，而協同學習的方式則較少用到。隨著大腦共同學習與情緒智商的研究出現，協同學習的重要性已逐漸成為發展的先驅。

Nancy Whisler 和 Judy Williams 兩人提出下面的例子來強調協同學習與傳統學習差異；他們指出，傳統的學習小組只有一個領導者，他們是被動的合作，而追求學業上的目標是他們最優先的事，老師所扮演的角色是在必要時介入輔導；反觀協同學習小組，每個組員共同學習領導的能力，學業與社交技能都是他們學習的重點，他們會正確的演練所學過的社交技能。

老師的角色是共同與組員們互動，並且對於組員們在學業與社交學習上的表現給予回饋。

 # 教導社交技能

在協同學習中，會教導學生並強化其確切的社交技巧。舉例來說，學生要學習輪流傾聽並給予適當回應的技能，老師可以利用模仿的方式來教導這個技能，請學生模仿也可以請大家共同討論它的意義。接下來老師向學生說明，當小組成員學習時，走到附近並傾聽他們的對話，然後觀察並記錄下他們在學業與社交技能的表現。老師可以請同學分享他從聽與看之中觀察到其他人是否真的運用社交技能，將學生的回答放入如表 5.1 的表格中，這表格應該要張貼在教室中以便讓每個人都能看見。當老師在教室中，他會根據聽到和看到學生在社交與所任命的工作中的表現做紀錄。

小組時間的最後，老師會告知學生他所觀察到的情形，並且和學生一起討論他們該做和該說的事。

　　使用協同學習方式教學的教師應有一管理工具來幫助他們記錄小組在社交技能上的表現及進度。在我的教室中，社交技能是學生成績的一部分，他們及家長都知道社交技術的重要性。Goleman（1995）說，能夠有良好的情緒智商就如同成功的人生般重要，甚至更加重要。

　　表5.1是我記錄學生在社交技能上進度的表格。在第一列我填上在教室中重要的技能，你也可以選擇其他技能，憑經驗去發覺學生社交技能的問題所在。假如你的學生不知道如何安靜迅速的分組，這就是你需要教的技能之一。重要的是假如學生還不會基本的傾聽技巧，

表 5.1　技巧：傾聽

看	聽
眼睛接觸	同意的話語
點頭	只有一人發言
傾身去聽	同一個時間內只有一個人回話
注視說話者	適當回應

表 5.2　記錄社交技能進度之範例

班級＿＿＿＿＿＿日期＿＿＿＿＿＿
小組成員：

星期	守時	品質表現	傾聽技巧	正向的評判
1				
2				
3				
4				
5				
6				

就不要讓他們知道如何去評判別人。當學生逐漸社會化後，再讓他們
慢慢接觸較複雜的技巧。

6

班級經營的模擬

在前述的章節中，我們已經明瞭動機和行為如何地受到大腦系統的影響，我們也對於開發學生天生的學習動機以及如何處理跟學習沒有關聯的行為問題進行各方面的討論。

同時，我們也看到了城市學習者些許的行為，你應該了解到當行為表現是一個關鍵點及你的肢體語言可以充分表達所要說的與要做的，而且會擴及到周遭的氛圍，這是一個必要的風格。

在此章中，你將建立可以幫助自己和學生一起在教室裡自我監控以及達成工作目標的計畫。

班級經營計畫

教師姓名_____

級別_____

階段一：普通行為管理

- 你要如何做使學生在班級中有歸屬感？請列出三個以上的方法。
- 你要怎麼做使學生覺得教室環境是舒適的？特別是在光線、視

覺、味覺和聽覺方面？你要如何佈置教室？當學生們走進教室
時，他們會看到什麼東西？

- 你如何確定在教室中有秩序？請提出一個你如何訂定班級公約
的例子。你如何處理諸如繳交功課的班級事務？如何開始與結
束一個班級的經營？假如你的學生是國小學童，你如何教導他
們要排隊上公車？
- 你要做什麼去幫助學生看到學習的真意？
- 你要做什麼去幫助學生們設定個人目標並照著目標前進？
- 你用哪種架構將學生分成小組？你如何辨認及區分學生的行為？
- 你有七種工具去改變學生的偏差行為，對於每種工具，提出一
種改變學生問題行為的策略。

階段二：中斷上課的行為

- 當一個學生打斷你上課你該如何做？
- 當學生向你回嘴你該如何做？
- 你如何控制自己衝動的情緒？
- 你是否有面對緊急狀況的危機處理計畫？請說明之。

字彙摘要

高風險學生（At-Risk Students）

藉由下列標準被認定為學校的高風險學生：

- 在成績或科目上有一個以上的不及格。
- 來自清寒家庭的學生（被鑑定為低收入戶者）。
- 有身心障礙的學生。
- 有閱讀困難者。
- 在其他科目的表現低於同年級標準，尤其在數學科的表現。
- 無法以正式的考試方式來測驗者。
- 無家可歸的學生。
- 移居的學生。
- 受虐或被忽視的學生。

行為評估（Behavioral Assessment）

行為應該是教室中所有評估計畫的一部分。你可以用你的成績簿記錄學生的行為，或者你也可以選擇建立一套個別的紀錄簿，持續追蹤學生的行為。

肢體語言（Body Language）

肢體語言是一種非語文的溝通方式，學生能夠從我們的眼神、嘴巴、手勢等表達方式來得知我們要傳達的訊息，我們不需刻意的露出笑容，他們就可從我們的眼神和肢體動作得到一些不同的訊息，當需要訓練學生的常規時，語言的溝通方式和肢體語言是同樣重要的，當

我們想傳達：我喜歡你，但我不喜歡你這種行為時，學生並不喜歡被用嚇阻的方式來對待，他們不喜歡別人指著他們的鼻子也不喜歡別人直接地說不喜歡。

　　當學生的問題行為發生時，我們需花幾秒鐘的時間做兩次深呼吸，並且讓學生的動作慢下來，然後我們用緩慢溫和的態度來面對學生〔Fred Jones（2002）：當你用嚴肅的態度看著他們時，他們快速的動作將會緩慢下來〕。當我們感到心煩時，我們應注意雙手在腰際的位置，並且輕鬆地移動雙手至身體的兩側，更應留意在生氣時，會口不擇言。用轉動舌頭，再用柔和的語調和學生說話。Fred Jones 建議當你和學生說話時，可以將雙手放在學生的桌子上，直到學生回到座位上繼續上課時，你再輕輕的將手拿開，身體筆直並且嚴肅的走開，如果學生在你離開時馬上對你的舉動做出反應或談話，你應該再將雙手放在學生的桌子上，並且不要對學生的反應發表任何意見，這對你和學生來說將是一場鬥爭，你必須時時注意學生分心或是不適當的行為，並且讓學生知道我們並不會理睬那些不適當的行為。

班級經營（Classroom Management）

　　班級經營包含了有關於管理班級，以及確保學生在最理想的學習狀態之下學習所有的重要概念，而經營是為已知和未知的事物做最周詳的規劃。當教師為學生的學習做規劃時，必須建立在一種正向、積極的情感之上。包含：

- 考量學生學習與生理狀態的學習環境規劃，包括了學生的學習場所，如：書桌、燈光，甚至是班級中空氣的味道以及聲音。桌子的安排方面，必須讓教師可以在教室中順暢的走動並且可以適時的給予學生幫助，有效的避免學生分心和不適當的行

為。班級中的擺設可以常做變更，並且講求適合學生進行的學習活動方式，例如：當學生需要進行小團體的活動時，桌椅擺設就必須是利於互動的小組座位，或是以T型的方式排列，讓學生可以方便和三個方向做互動，當學生以一對的方式互動時，桌椅就要面對雙方；而當大型的討論進行時，我們就可以用U型或是圓形的擺設來進行活動。

- 學生內在情緒的學習環境包含了學生與教師的語調和教室內的氣氛，我們要給予學生不受拘束的環境讓我們與學生共同學習，並且讓學生了解不知道問題的答案是可以被允許的，因為沒有一個人能夠知道所有問題的答案，最重要的是，教師要積極的與學生互動並且參與他們的學習活動，而教師必須對學生抱有高度的期待，並且幫助學生使學生具備重要的基本能力與技能。例如：教師認為學生不知如何設定個人的學習目標，教師就必須適時地教導此項技能。

- 適當地懲戒違規的學生，而懲戒的方式必須是一致並且依據既定的規則，McCune、Stephen和Lowe（1999）認為：「在解決學生的懲戒問題時，教師必須用最少的介入方式去快速的停止學生不適當的行為並以適當的行為做替代，如：解決學生潛在的嚴重擾亂問題時，起初我們可以用眼神注視、在教室走動、出奇不意的方式，也可以用溫和的方式勸導擾亂的學生，也可以私下以談話的方式來代替嚴苛的指責。」Jones（2002）表示，他在訓練教師時，常常在教室走動並且對每一位教師說話，當他結束談話時，他會詢問大家是哪一位教師受到告誡，大家總是表示不知道，而這種方式是可以被用在班級中的。身為一位教師，你必須像是沒有特定目標的給予學生勸導或是鼓

勵停止那些問題行為，並且這些話語絕對要避免虛榮和不當情
緒的抒發。

效能（Efficacy）

效能是由過去的成功經驗而建立在個體本身的信念，例如學生有
自我的效能得知他們可以去學習，而此效能是由於他們過去成功的學
習經驗所建立。

Goleman（1995）稱之為自我效能（self-efficacy）：

這個信念將會影響、支配我們在人生中所遇到的事件和面臨
的挑戰，它可以讓一個人有能力去冒險並且追尋更嚴苛的挑戰。

情緒：正向與負向（Emotion: Positive and Negative）

外在的社會情境與學生的學習狀況是共存的，當大腦察覺外在情
況是具有威脅性時，壓力會使身體的反應活絡，非腎上腺素和腎上腺
素同時被釋放，這也使得消化系統、心臟、心血管、呼吸器官、皮
膚、汗腺與唾腺的活化，以及肌肉、骨骼的運動、皮質醇的釋放，將
使消化系統與免疫系統呈現不定狀態。

在這種情緒的支配狀況之下超越理智，大腦理性的思考能力也隨
之降低，而學生的學習也將遭到妨礙。

情緒會影響學習，但情緒在增加學習效率時也扮演重要的角色，
任何的學習都可由改變情緒讓學習更有效率，例如：透過音樂、模
仿、遊戲、團體討論、角色扮演和背誦等方式去幫助學生更有效率的
學習。

情緒智商（Emotional Intelligence）

Daniel Goleman（1995）也把情感智商結合一些條件，Goleman 相信社交互動和情緒的智商是人生中成功經驗的基礎，而且它常比認知的智商還來得重要，而情緒的智能包括了：

- 了解每個人都有情緒的自我意識。這不只是包含情緒的認定，更包含了了解辨別其中原因的能力，也就是意指我們能夠辨別感覺和行為是不同的，我們不完全遵照感覺行事。
- 有能力管理我們的情緒。這是指我們可以控制我們的憤怒，而我們不會用反駁和爭辯去讓我們再次經歷挫敗和憤怒的感覺，這也代表我們可以為我們自己和他人產生正面的情感。
- 為情緒找到正向的出口。這是指我們可為我們的行為負責任，而這也代表我們是可以被信任的，我們可以去學習去克制衝動並且學習當我們遇到逆境時，能為我們的行為去監控和改變。
- 對他人富有同情心。情緒智商優越的人可以理解他人的情緒並且敏銳的感受他人的感受，而他們也是良好的聆聽者。
- 知道如何掌控人際關係。情感智能卓越的人可以分析並且了解自己與他人的關係，他們可以用更開放、更民主的方式與他人共事和處理問題，並且他們已經學習了在團體中如何與他人分享和合作。

這些特性能否建立在我們的內在認知中是一件有趣也值得注意的事情。

社會中的隱藏法則（Hidden Rules of Society）

Ruby Payne（2001）曾針對於社會中各階層的族群寫了大量關於「社會中的隱藏法則」的文獻（貧困、中產階級和富有），「隱藏的

法則」是指在這些族群之中已知但隱藏的法則,而這些都是有助於各個族群適應於這個社會並且幫助他們生存的通則。這些法則影響每一個族群看待人生中的每一個面向,其中也包括了他們對於教育的看法,而你可以在瀏覽下列的網站中搜尋到完整的圖表以及相關的資訊。網址:www.ahaprocess.com。

衝動 (Impulsivity)

衝動是一種驅使著我們意念的無形力量,某些學生會顯露出衝動的特質而做出違反規範的不適當行為,而他們也常意外的放棄了一些事情而不自知。貧困階級出生的學生常熟知如何在街上生存的法則,而強調的是遵照衝動的意念去行事卻沒有經過理性的思考過程,而這一項特質已經內化在他們大腦的認知意念中。

學習狀態 (Learning States)

根據 Jensen (1997) 的說法:我們都有不同的身體機能,而這些都影響我們的心情和身體,這些包括了:

- 我們的思維——心理圖像、聲音和感覺。
- 我們的心理——姿勢、呼吸、手勢、眼神、消化作用和體溫。

他表示學生必須在一個適合的生理狀態之下,學習才會發生。當老師遇到學生分心的行為時,也就代表學習者處於一個不適合學習的狀態,而我們就必須改變學生的學習狀態來幫助他學習。例如:坐在最後面的學生倚靠著牆壁或是有壓迫感覺的學生也許都不是一個適合學習的狀態。而他們也許也會覺得學習是無聊而沒有意義的,教師在他們專注學習之前就必須灌輸學習與他們未來和本身的關聯讓他們去了解,並且他們也需要有個人的目標去驅使他們學習,以下有三個特

殊的情況可幫助學生在適合的狀態之下學習：

1. 高度的挑戰：但注意並不是使他們感到挫敗，此原則的目的是足以激起他們的興趣和引發學生的好奇心。

2. 少許的壓力：這通常是一個放鬆的狀態，而無壓力會讓人感到無趣，高度的壓力讓人感到挫敗。

3. 專注的狀態：這一個狀態是學生投入學習而學生本身也不自知的狀態，要達到這個狀態，學習必須讓學生感到有企圖心去挑戰，也需要個人的學習目標。

形式（Modalities）

我們透過感官去接收資訊傳達到大腦，而幾乎大部分的人都有屬於自己的優勢學習方法，此種方法是指學習者透過最有利的方式去接收資訊。當我們用優勢的學習方法予以授課時，我們能夠更輕鬆的學習且有更好的效果，並且達到一種理想的程度。研究顯示，那些在第一次無法學得好的學生通常都需要選擇他們的優勢學習方法才可以幫助他們學習的更好。如果在你的班級中有一個學生無法在第一次就學得好，你就必須再用另一個方式為他重新授課。

在學習中不感興趣的學生通常都無法了解其中的意義和關聯，而這個原因是由於授課的方式對他們而言太難，而最常見的例子是學生常需要用活潑的方式學習，但是他們遇到的是一個傳統且氣氛沉重的授課方式，這些對於傳統的教師來說常常都是一個典型的問題。

動機（Motivation）

簡單的說，動機是驅使目標達成的能量。而動機是受腦部的自我管理系統控制。催化內在動機（內在的動機遠勝於外在的獎賞）關鍵

在於需求的滿足。

- 我們需要看到我們所要達成事務的關聯，特別要針對是否適用於個人。
- 我們需要相信我們可以達成目標，而自我效能就是達成目標的驅力。
- 我們需要樂觀的面對目標，根據Goleman的說法，樂觀是學生成功的寓言，而且這是可以學習的。Goleman還說：

> 樂觀是一種希望，而且是一種很強烈的期待，儘管有挫折或失敗，它還是會點亮生活。在情緒EQ的立場來說，樂觀可以幫助人們對抗沮喪、絕望。

城市中心的學生和在貧困家庭長大的學生通常缺少樂觀，因為他們沒有很多正面情緒的經驗。他們通常相信他們無法控制命運，而且也無法控制會發生在他們身上的事情。

> 樂觀的人把失敗視為一些可以改進的事情，所以他們可以在下一次得到成功，而悲觀者則責怪失敗，把失敗視為他們無法改變的永久特性。（Goleman, 1995）

貧乏（Poverty）

貧乏不止關於金錢而是關於資源。Ruby Payne（2001）給貧困的定義是指：「個體無法取得的資源。」

而這些資源包括：

- 金錢的：買東西的費用。
- 情感的：有合適的定位自己的能力，而且有角色的模範可以模

仿學習。

- 心理的：處理日常生活心理需求問題的技巧。
- 心靈上的：相信心靈上的嚮導。
- 身體：身體健康。
- 支持系統：朋友和家人，及時的備用資源。
- 榜樣：成人經常給予適當的榜樣。
- 隱藏法則的知識。

一般的貧困是指超過兩代甚至更久的貧困。

暫時的貧困是臨時或偶然的，例如：失業、生病或失去家中親人。

獎賞及懲罰（Reward and Punishments）

行為學派心理學者如 Skinner 在修正行為方法上有很大的影響，在上個世紀這些方法都被很多學校採用。我們從腦部的研究中得知，人類的腦部系統在懲罰和獎賞的制度下均無法表現出最佳狀況。

自我管理（Self-Management）

有良好自我控制技巧的學生，就會有學習的能力去計畫他們的自我學習，並且會設定他們個人的學習目標，並且會視實際狀況而去控制和調整及遵循。所有的技巧都是大腦後設認知系統的一部分。如果學生缺乏這些技巧，應該被教導集中注意力在目標的建立和如何控制衝動。這些能力會決定我們社交智能和成功的關鍵。

學生學習的結構（Structures for Student Learning）

許多班級運用以下的結構策略：

- **個別學習**——學生靠自己獨立學習。

- **合作學習**——學生練習一起學習。

- **競爭的學習**——學生和同儕彼此互相以成績和分數競爭。

一個有效能的班級將會運用到以上三個結構並根據學生的年齡和學習層次。

第一個設置是競爭。在一個競爭系統下優先的原則是：

競爭：我贏、你輸，我輸、你贏。

學生因相互競爭而達到目標，但只有限制的名額才能達成目標。學生只有在別人輸的狀況下才取得勝利，而這叫做負向的相互依賴。

第二個設置是自我競爭。在一個自我競爭的系統下優先遵循的原則是：

自我競爭：我贏，你贏或輸；你贏，我贏或輸。

在一個班級中，當個別有自我的目標，學生是否達成他的目標，但這無關他人的表現，所以在這系統中沒有相互依存的狀況，因為學生他們意識到他們學習的處境是自我學習成長的，這跟別人的成功和失敗無關。

第三個系統是合作學習。在一個合作系統裡學習活動，基礎的原則如下：

合作：我們一同在這裡。如果你獲勝我也獲勝。如果你失敗我也失敗。

學生在課程中為了朝向共有的目標而共同工作及相互協助，這就是存在學生之中的正向依賴，他們可以理解如果每一個在團隊裡學習的成員都有共同的目標，那麼他們可以更有效率地達到目的。

注意團體學習的目標是很重要的，這樣可以讓學生練習一起學習，而且在他們個別評量時也可以達到成功的目標。以這個實驗團體

而言，教師不應給予團體分數（除了必須是團體共同進行的任務），分數應是建立在個人的能力之上。

學習團體（Study Groups）

這個方法是從團體學習的架構而來，學習團體通常包含了三到四個學生，他們一起工作長達六個星期或更久。如果有學生缺席了，要把另一個學生再放入團體中。學習團體應該是個小團體以方便一起學習（如果你從未經歷過團體學習，一開始的小組絕對不要超過三到四個人，直到學生們習慣這個流程）。學習團體的目的包括：

- 一起學習。
- 共同練習或討論學習。
- 一起活動。
- 一同評定。

我讓我的學習團體一個星期至少見面一次，每次幾分鐘，讓他們看看每個人是否都有工作，是否能理解他們自己的工作，討論和說出他們的期待。有時候學生不會告訴老師他們不能理解的部分，但他們會告訴他們團體的組員，而這時我們就可以從中介入。

我也會依據人格特質幫他們分組，舉個例子來說，我會試著把一些有典型領導能力的孩子分散到各組，把有創造力的孩子分到每一組，把善於溝通的孩子平均分配到每一組。因為如果一組裡有好幾個有領導特質孩子的話，他們可能會有爭執。如果有好幾個有創造力的孩子在同一組的話，他們可能有太多點子而忽略了細節。有太多善於溝通的人在同一組的話，他們可能會一直說話而忽略了他們該做的事。

我會提供活動幫助組員彼此更加認識，所以他們會更加團結，全部所花的時間，會讓事情更好而且值得，團體學習會幫助他們學的更

多更好。

短期的團體（Temporary Groups）

　　一個短期的團體一起為一項活動合作，而且很快就會再調整。我使用一項技巧叫做預約，在學期一剛開始借力這些團體，而且跟學生一學期建立 12 個預約（12 個不同的學生），當我需要兩人一組做事時，我早就已經有了架構。

思考系統（Thinking Systems）

　　Marzano（2001）發現腦部三種控制思考和學習的系統，這些系統對學習行為和自我管理很重要，因為它直接關係到執行和自我管理的程序。

　　所有的學習都開始於大腦的自我系統。這系統決定我們對事情的專心和我們對學習的感覺，這系統主要影響：

- 我們看待學習的重要性。
- 自我效能。
- 我們如何去感覺學習。
- 我們對於學習的內在動機。

對於學習下一個後設認知系統所受到的影響：

- 我們去設立目標的能力。
- 衝動。
- 控制處理我們工作的能力。
- 當我們在實施計畫遇到困難時如何去調整我們的計畫。
- 完成計畫的能力。

最後，學習也要考慮到認知系統，這是關於我們獲得和儲存知識

的程序。

管教的語氣（Verbal Language of Discipline）

Payne（2001）談論到我們對學生說話的和學生對我們說話的三種典型的語氣。

1. **孩子的語氣**：可能是有防禦性的、害怕的、情緒化的、強烈的負面話語或者有可能是非口語的。例如：不要挑我毛病、不要責備我、是他做的。

2. **父母的語氣**：權威的、命令的、評斷的、懲罰的、成敗論或是有時帶有脅迫的。例如：你不能這樣做！照我說的做！你這樣很笨！

3. **成人的聲音**：不帶有評論、沒有負面的字語、實際的、雙贏的，而且通常是為了一個問題而提出。例如：這是你做那選擇的結果。我們同意你的不同意。我想要給你建議。用哪一種方法可以去解決這問題呢？

Payne（2001）說我們需要用成人的語氣去處理問題，而且我們必須提供示範給學生，使他們可以知道如何掌握所面對的情況。

字彙後測

1. 自我管理技巧是受下列何者所控制……

  A. 自我系統

  B. 後認認知的系統

  C. 認知系統

  D. 管理系統

2. 效能是和下列何者有關……

  A. 過去的成功經驗

  B. 管理的系統

  C. 移情作用

  D. 遺傳

3. 多數的學生是屬於何種類型……

  A. 動覺的

  B. 聽覺的

  C. 視覺的

  D. 嗅覺的

4. 班級中最好的結構是……

  A. 獨立學習

  B. 合作學習

  C. 競爭學習

  D. 綜合以上三種結構

5. 下列哪種特徵並非臨時團體所具備的？

  A. 每天見面

B. 一段時間見一次面

C. 互相支持

D. 融合的社交技巧

6. 以下哪一個特徵不屬於高風險群的指標？

A. 經濟條件

B. 過去的失敗經驗

C. 閱讀技巧

D. 單親家庭

7. 隱藏的規範和下列何者相關⋯⋯

A. 未公布的班級常規

B. 學校未使用的規範

C. 社會經濟性的團體

D. 未受教育的父母

8. 對待他人具同理心的特色是⋯⋯

A. 情緒智商

B. 認知系統

C. 形式上的感覺

D. 衝動

9. 內在動機是⋯⋯

A. 基於獎勵

B. 自我系統的控制

C. 認知系統的控制

D. 系統控制後設認知

10. 下列哪一個學習狀態是正確的？

A. 學生需要低挑戰

B. 學生需要低壓力

C. 學生需要零壓力

D. 學生不需要挑戰

11. 下列對合作學習的敘述何者是正確的？

A. 當我們把學生推進團體中時實行合作學習

B. 合作學習總是包含社會技巧

C. 合作學習通常是四人的團體

D. 合作學習應該是每一個課程的一部分

12. 學生放棄一個計畫是由於他們遇到問題而且無法解決，這是被證明於……

A. 超越認知的系統

B. 衝動

C. 孩子的意見

D. 認知問題

13. 一個教師在教室裡授課 20 分鐘後，決定把學生推向團體學習去學習一些額外附加的知識，這位教師最有可能……

A. 在課程結束的時間

B. 介紹單元時

C. 實行目標設定

D. 改變學習狀態

14. 當教師要求學生去建立模範來學習時，下列哪一個大腦系統是管理學習最重要的？

A. 自我

B. 後設認知

C. 認知

D. 經驗上

15. 當我們生氣時我們應該將手放在……

A. 背後

B. 腰上

C. 兩側

D. 張開

16. Walters 老師以巡視教室來幫助學生，當他發現有一個學生轉身離開座位和其他的同儕談話，他的下一步驟該做什麼呢？

A. 凝視那個學生

B. 叫學生到走廊去

C. 和那個學生說話讓全班的人聽

D. 把學生的手放到他的桌上

17. 當 Walters 老師從學生的座位離開後，他注意到那個學生轉身朝向她的座位，這通常是顯示……

A. 當 Walters 老師離開時，她會轉回去和附近的人說話

B. 學生在教室裡不舒服

C. 學生在教室裡感到灰心沮喪

D. 學生在這種狀況下缺乏自信

18. 當學生回到自己該做的事情上，轉回去做事時，Walters 老師感謝他後隨即離開，接著他聽到這位學生說：「你以為我在乎嗎？」Walters 老師應該……

A. 不理會學生繼續走開

B. 把學生帶到辦公室

C. 轉回去並且要求學生回到工作上

D. 給予評論回應

19. 當我們發問口頭問題時,哪一項不是教師最先要做的?

    A. 提供較少的等待時間給聰明的學生

    B. 當學生不知道答案時重新陳述問題

    C. 對於部分答案給予獎勵

    D. 少叫高風險群的學生

20. 下列哪一個關於智商的敘述是不正確的?智商是……

    A. 在現實生活中遇到問題時解決問題的能力

    B. 產生新問題去解決的能力

    C. 做一件事或提供一個服務在個人文化中是具有價值的

    D. 在出生時即固定

字彙後測的答案

1. A	6. D	11. B	16. D
2. A	7. C	12. B	17. A
3. C	8. A	13. D	18. C
4. D	9. B	14. B	19. A
5. A	10. B	15. C	20. D

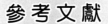

參 考 文 獻

Burke, K. (1992). *What to do with the kid who: Developing cooperation, self-discipline, and responsibility in the classroom.* Palatine, IL: IRI Skylight.

Csikszentmihalyi, M. (1990). *Flow: The psychology of optimal experience.* New York: Harper Perennial, HarperCollins.

Curwin, R. L., & Mendler, A. N. (1988). *Discipline with dignity.* Alexandria, VA: Association for Supervision and Curriculum Development.

Dozier, R. W., Jr. (1998). *Fear itself: The origin and nature of the powerful emotion that shapes our lives and our world.* New York: St. Martin's.

Evertson, C. M., & Harris, A. H. (1992). What we know about managing classrooms. *Educational Leadership, 49*(7), 74–78.

Given, B. (2002). *Teaching to the brain's natural learning systems.* Alexandria, VA: Association for Supervision and Curriculum Development.

Glasser, W. (1986). *Control theory in the classroom.* New York: Harper and Row.

Goleman, D. (1995). *Emotional intelligence: Why it can matter more than IQ.* New York: Bantam Books.

Gough, P. B. (1993). The key to improving schools: An interview with William Glasser. *Phi Delta Kappan, 78*(8), 599.

Jacobs, G. M., & Loh, W. I. (2002). *The teacher's sourcebook for cooperative learning: Practical techniques, basic principals, and frequently asked questions.* Thousand Oaks, CA: Corwin Press.

Jensen, E. (1997). *Completing the puzzle: The brain-compatible approach to learning.* Del Mar, CA: The Brain Store, Inc.

Jensen, E. (1995). *The learning brain.* Del Mar, CA: The Brain Store, Inc.

Johnson, D., & Johnson, R. (1975) *Learning together and alone: Cooperation, competition and individualization.* Englewood Cliffs, NJ: Prentice Hall.

Johnson, D. W., Johnson, R. T., Roy, E., & Holubec, J. (1984). *Circles of learning: Cooperation in the classroom.* Alexandria, VA: Association for Supervision and Curriculum Development.

Jones, F. (2002). Available online at www.fredjones.com

Kagan, S. (1989) *Cooperative learning resources for teachers.* San Juan Capistrano, CA: Resources for Teachers.

Linnoila, M., Virkkunen, M., Scheinin, M., Nuutila, A., Rimon, R., & Goodwin, F. K. (1994). Low cerebrospinal fluid 5-hydroxyindoleacetic acid concentration differentiates impulse from nonimpulsive violent behavior. In R. Masters & M. McGuire (Eds.), *The neurotransmitter revolution: Serotonin, social behavior, and the law* (pp. 62–68). Carbondale: Southern Illinois University Press.

Mandel, S. M. (2003). *Cooperative workgroups: Preparing students for the real world*. Thousand Oaks, CA: Corwin Press.

Marzano, R. J. (1992). *A different kind of classroom: Teaching with dimensions of learning*. Alexandria, VA: Association for Supervision and Curriculum Development.

Marzano, R. J. (1998). *A theory-based meta-analysis of research on instruction*. Aurora, CO: Mid-continent Regional Educational Laboratory (McREL).

Marzano, R. J. (2001). *Designing a new taxonomy of educational objectives*. Thousand Oaks, CA: Corwin Press.

Marzano, R. J., Pickering, D. J., & Pollock, J. E. (2001). *Classroom instruction that works*. Alexandria, VA: Association for Supervision and Curriculum Development.

Master Teacher. (2002). Available online at www.disciplinehelp.com.

McCune, S. L., Stephens, D. E., & Lowe, M. E. (1999). *How to prepare for the ExCET*. Hauppauge, NY: Barron's Educational Services.

Panksepp, J. (1998). *Affective neuroscience: The foundations of human and animal emotions*. New York: Oxford University Press.

Payne, R. K. (2001). *A framework for understanding poverty*. Highlands, TX: Aha! Process Inc.

Sharon, Y., & Sharon, S. (1992). *Group investigation: Expanding cooperative learning*. New York: Teacher's College Press.

Slavin, R. E. (1983). *Cooperative learning*. New York: Longman.

Sprenger, M. (2002). *Becoming a wiz at brain-based teaching: How to make every year your best year*. Thousand Oaks, CA: Corwin Press.

Stevens, R. J., Madden, N. A., Slavin, R. E., & Farnish, A. M. (1987) Cooperative Integrated Reading and composition: Two field experiments. *Reading Research Quarterly, 22*, 433–454.

Tomlinson, C. A. (1999). *The differentiated classroom: Responding to the needs of all learners*. Alexandria, VA: Association for Supervision and Curriculum Development.

Whisler, N., & Williams, J. (1990). *Literature and cooperative learning: Pathway to literacy*. Sacramento, CA: Literature Co-op.

國家圖書館出版品預行編目（CIP）資料

所有教師都應該知道的事：班級經營與紀律／Donna
Walker Tileston 作；張倉凱譯.
--初版.-- 臺北市：心理, 2011.08
　面；　公分.--（教育現場系列；41142）
譯自：What every teacher should know about
　　　　classroom management and discipline
ISBN 978-986-191-441-1（平裝）

1. 班級經營　2. 紀律訓練

527　　　　　　　　　　　　　　　　100010997

教育現場系列 41142

所有教師都應該知道的事：班級經營與紀律

作　　　者：Donna Walker Tileston
譯　　　者：張倉凱
執 行 編 輯：高碧嶸
總 編 輯：林敬堯
發 行 人：洪有義
出 版 者：心理出版社股份有限公司
地　　　址：231026 新北市新店區光明街 288 號 7 樓
電　　　話：(02) 29150566
傳　　　真：(02) 29152928
郵撥帳號：19293172　心理出版社股份有限公司
網　　　址：https://www.psy.com.tw
電子信箱：psychoco@ms15.hinet.net
排 版 者：辰皓國際出版製作有限公司
印 刷 者：昕皇企業有限公司
初版一刷：2011 年 8 月
初版五刷：2023 年 7 月
I S B N：978-986-191-441-1
定　　　價：新台幣 110 元